2019 年安徽省弘扬社会主义核心价值观名师工作室（思政课教师）项目：
安徽红色文化资源融入《中国近现代史纲要》教学研究（sztsjh2019-2-15）成果
安徽农业大学《中国近现代史纲要》精品线下开放课程（2018aukfk01）研究成果
2019 年安徽省高校思想政治工作能力提升项目（sztsjh2019-4-13）研究成果
安徽省重点马克思主义学院（安徽农业大学马克思主义学院）建设成果

《中国近现代史纲要》

在线考试学习参考

主　编　徐建军　高　红
副主编　龚小平　刘　莉　颜　莉

合肥工业大学出版社

前 言

本书系安徽农业大学马克思主义学院《中国近现代史纲要》教研室的教学研究成果。安徽农业大学马克思主义学院《中国近现代史纲要》教研室自2017年开展在线考试平台建设，着力打造能让学生真心喜爱、终生受益的精品课程。根据教学大纲和教材内容的不断更新，课程组充分发挥网络平台的优势，及时丰富和完善在线学习内容，将最新的理论动态、最鲜活的教学案例融入教学和习题中，增强理论的吸引力和说服力，调动学生学习的积极性、主动性和创造性。为配合《中国近现代史纲要》课程更好地开展教学工作，也为了方便考生更好地复习备考，特编写本书。

《中国近现代史纲要》教材涉及"从鸦片战争到五四运动前夜"(1840—1919)、"从五四运动到新中国成立"（1919—1949)、"从新中国成立到社会主义现代化建设新时期"（1949—2018）三大历史时期的内容。理论含量大、历史事件多、历史人物杂、知识点细，为了便于学生查找题目和答案，本书按照章节进行编写。在题型选择上，结合本课程在线考试平台及研究生入学考试的题型，设计了单项选择题、多项选择题、判断题、论述题等。同时，为了更生动、直观地展示《中国近现代史纲要》课程的教学内容，本书在编写时对各章主要内容进行简明扼要的梳理，标示重难点并配有练习题答案，涵盖课程基本知识、学生易错的疑难问题和理论热点问题，便于学生明确重点，学以致用，更好地巩固所学知识。

本书编写的主要原则是：第一，准确地和比较全面地反映《中国近现代史纲要》教材的内容；第二，所出题目难易程度适当；第三，要有一定数量的综合性题目，以帮助学生提高分析问题的能力。

本书由安徽农业大学马克思主义学院《中国近现代史纲要》教研室的全体教师共同完成，具体分工如下：徐建军、高红负责全书写作统筹与设计，习题部分由高红负责第一章、第二章和第三章，龚小平负责第四章和第五章，刘莉负责第六章和第七章，徐建军负责第八章和第九章，颜莉负责第十章和第十一章。

本书的编撰和出版得到了安徽农业大学马克思主义学院院长黄洪雷教授的全程指导和大力支持，在此表示感谢！

由于我们的水平有限，书中会有一些不足之处，敬请读者批评指正。

编　者

2020 年 7 月

目　　录

习题部分

习题答案

习 题 部 分

第一章
反对外国侵略的斗争

教学目的和要求： 通过本章学习，学生了解资本–帝国主义列强对中国的侵略、掠夺，使中国一步一步走向半殖民地半封建社会的深渊，给中华民族带来了深重灾难，从而激发学生的爱国情感；了解中国人民为反抗外来侵略进行长期英勇的顽强斗争，增强民族自信心和自尊心；通过学习，认识中国人民反侵略的不屈斗争是帝国主义不能灭亡中国的根本原因，中国人民不屈不挠的反侵略、反压迫的坚强意志和斗争精神，在中华民族革命斗争史上写下了可歌可泣的悲壮诗篇。

教学重点： 1. 中国半殖民地半封建社会的形成；

2. 近代中国人民抵御外来侵略的斗争及意义；

3. 近代中国对外战争屡战屡败的原因。

教学难点： 资本–帝国主义入侵给中国带来的经验与教训。

一、单选题

1. 中国封建社会的文化思想体系是以(　　)为核心。

A. 儒家思想　　B. 道家思想　　C. 墨家思想　　D. 佛教思想

2. 世界历史开始进入资本主义时代的标志性事件是(　　)。

A. 1640 年英国资产阶级革命

B. 1680 年俄国彼得一世改革

C. 1789 年法国大革命

D. 1868 年日本明治维新

3. 19 世纪末，资本主义进入帝国主义阶段后，(　　)成为殖民主义剥削的重要形式，并出现瓜分世界的狂潮。

A. 商品输出　　B. 资本输出　　C. 贩卖奴隶　　D. 掠夺土地

4. 鸦片战争以清政府的失败而告终。1842年8月29日，清政府与英国签订了中国近代史上的第一个不平等条约：(　　)。

A. 中英《北京条约》　　B. 中英《虎门条约》

C. 中英《南京条约》　　D. 中英《天津条约》

5. 鸦片战争后，中国经济逐渐被卷入世界资本主义市场，其对中国的影响不包括(　　)。

A. 自给自足的自然经济逐步解体

B. 西方先进的生产技术逐步传入中国

C. 英国对华输出商品激增

D. 封建地主土地所有制瓦解

6. 近代中国的社会性质是(　　)。

A. 资本主义社会　　B. 半封建半资本主义社会

C. 半殖民地半封建社会　　D. 封建社会

7. 近代中国诞生的新兴的被压迫阶级是(　　)。

A. 农民阶级　　B. 手工业者　　C. 城市贫民　　D. 工人阶级

8. 资本-帝国主义列强对中国的侵略，首先是进行(　　)。

A. 文化渗透　　B. 经济掠夺　　C. 军事侵略　　D. 政治控制

9. 造成近代中国贫穷落后的根本原因是(　　)。

A. 中国落后的经济制度　　B. 中国落后的政治制度

C. 资本-帝国主义的侵略　　D. 统治集团的腐败

10. 帝国主义列强对中国进行文化渗透的目的是(　　)。

A. 传播西方文化和科学

B. 进行传教活动

C. 宣扬殖民主义奴化思想，麻醉中国人民的精神

D. 干涉中国内政

11. 鸦片战争前，清政府实行闭关政策，只允许外国商人在(　　)一地贸易，而且必须经过官方指定的公行即“十三行”进行。

A. 上海　　B. 广州　　C. 厦门　　D. 福建

12. 中国近代史上，人民第一次大规模的反侵略武装斗争是(　　)。

A. 虎门销烟　　B. 三元里人民的抗英斗争

C. 太平天国运动　　D. 义和团运动

13. 1895 年，日本强迫清政府签订《马关条约》，割去中国(　　)全岛及所有附属岛屿和澎湖列岛。

A. 香港　　B. 台湾　　C. 澳门　　D. 崇明

14. 到(　　)的订立为止，庞杂的不平等条约体系已宣告中国半殖民地社会的完全形成。

A. 《天津条约》　　B. 《北京条约》

C. 《马关条约》　　D. 《辛丑条约》

15. 帝国主义侵略中国的最终目的是要(　　)。

A. 帮助中国发展资本主义　　B. 传播西方先进文化

C. 帮助中国建立资产阶级政权　　D. 瓜分中国，灭亡中国

16. 近代中国睁眼看世界的第一人是(　　)。

A. 李鸿章　　B. 魏源　　C. 郑观应　　D. 林则徐

17. 魏源主张学习外国先进的军事和科学技术，以期富国强兵、抵御外国侵略。在(　　)中，他提出了“师夷长技以制夷”的思想，开创了中国近代向西方学习的新风。

A. 《四洲志》　　B. 《海国图志》

C. 《夷情备采》　　D. 《盛世危言》

18. 近代以来的历史表明，要争得民族独立和人民解放，必须首先(　　)。

A. 发展民族工商业

B. 集中力量进行现代化建设

C. 进行反帝反封建的民主革命

D. 学习外国先进的军事和科学技术

19. 最早喊出“振兴中华”这个时代最强音的是(　　)。

A. 林则徐　　B. 魏源　　C. 康有为　　D. 孙中山

20. 德国元帅瓦德西说：“无论欧美日本各国，皆无此脑力与兵力，可以统治此天下生灵四分之一”，“故瓜分一事，实为下策”。这表明(　　)。

A. 帝国主义已放弃灭亡中国的图谋

B. 帝国主义之间相互勾结

C. 帝国主义之间的矛盾

D. 帝国主义瓜分中国图谋的破产

21. 法国强迫清朝政府签订的第一个不平等条约是(　　)。

A.《黄埔条约》　　B.《马关条约》

C.《中法新约》　　D.《望厦条约》

22. 鸦片战争前在中国占统治地位的社会经济是(　　)。

A. 资本主义经济　　B. 皇权经济

C. 自然经济　　D. 手工业经济

23. 西方列强获得向中国派驻公使的特权是通过(　　)。

A.《南京条约》　　B.《天津条约》

C.《北京条约》　　D.《辛丑条约》

24. 鸦片战争后在中国占统治地位的社会经济是(　　)。

A. 资本主义经济　　B. 皇权经济

C. 自然经济　　D. 手工业经济

25. 中国近代史前期，广东地区的洪秀全、康有为、梁启超、孙中山先后成为中国民主革命过程中的领导人物，其相似原因是受(　　)。

A. 中国民族资本主义产生发展的影响

B. 西方思想的影响

C. 宗教的影响

D. 洋务运动的影响

26. 鸦片战争中国战败的根本原因在于(　　)。

A. 战争准备不充分

B. 军事指挥的失误

C. 清政府的屈服求和

D. 腐朽的封建主义不敌新兴的资本主义

27.《马关条约》的签订对欧美列强最直接的影响是(　　)。

A. 改变了列强的侵华方式

B. 改变了列强在华的力量对比

C. 加强了列强联合对日的决心

D. 刺激了列强瓜分中国的野心

28. 由私人投资创办的中国资本主义工业兴起于(　　)。

A. 鸦片战争期间　　B. 洋务运动期间

C. 戊戌变法期间　　D. 清末“新政”期间

29. 1946 年，在上海，一名美国大兵打死了一名中国黄包车夫，中国司法当局却无权对其治罪，列强的这种特权来自《南京条约》附件中的(　　)条款。

A. 领事裁判权　　B. 在通商口岸的行动权利

C. 外交豁免权　　D. 片面最惠国待遇

30. 清政府在 19 世纪设立的办理外交、筹办洋务的最高行政机构是(　　)。

A. 外务部　　B. 洋务局　　C. 总理衙门　　D. 同文馆

31. 鸦片战争前，英国东印度公司向中国大量贩运鸦片的直接目的是(　　)。

A. 损害中国人的身心健康　　B. 削弱清朝军队战斗力

C. 破坏清政府的禁烟法令　　D. 扭转对华贸易的逆差

32. 19 世纪中后期，沙俄割占中国领土 150 多万平方千米，是通过下列不平等条约实现的：(　　)。

A. 《天津条约》《北京条约》《瑷珲条约》《勘分西北界约记》

B. 《瑷珲条约》《北京条约》《勘分西北界约记》《改订伊犁条约》

C. 《天津条约》《南京条约》《瑷珲条约》《勘分西北界约记》

D. 《天津条约》《北京条约》《勘分西北界约记》《改订伊犁条约》

33. 第二次鸦片战争爆发的根本原因是列强要(　　)。

A. 使鸦片贸易合法化

B. 扩大侵略权益

C. 外国使节进驻北京

D. 解决“亚罗号”事件和“马神甫”事件

34. 鸦片战争前夕，中国社会的经济状况是(　　)。

A. 资本主义萌芽发展较快，自然经济开始解体

B. 封建经济占统治地位，土地高度集中

C. 对外贸易发达，财政收支状况良好

D. 中国已经开始被卷入资本主义世界市场

35. 中国民族资产阶级对外国资本主义和本国封建主义(　　)。

A. 是完全对立、坚决反对的

B. 是完全依赖、坚决追随的

C. 只反对本国封建主义，不反对外国资本主义

D. 既有矛盾、斗争的一面，又有依赖、妥协的一面

36. 以1840年鸦片战争的爆发作为中国近代史的开端是因为这场战争(　　)。

A. 改变了中国社会性质　B. 改变了中国革命的任务

C. 使中国卷入世界政治经济漩涡中　D. 使中国出现资本主义的萌芽

37. 鸦片战争后，中国社会最根本的变化是(　　)。

A. 中国开始沦为半殖民地半封建社会

B. 外国资本主义与中华民族的矛盾成为最主要的矛盾

C. 中国人民肩负起反封建反侵略的双重任务

D. 萌发了“向西方学习”的新思想

38. 鸦片战争后，最早破坏中国关税自主权的条约是(　　)。

A.《黄埔条约》　B.《望厦条约》

C.《南京条约》　D.《虎门条约》

39. 魏源主张“师夷长技以制夷”，其目的是(　　)。

A. 借鉴外国政治制度，实行“君民共主”

B. 学习外国先进的军事技术

C. “以中国之伦常名教为原本，辅以诸国富强之术”

D. “禁朋党之弊”，发展资本主义

40. 英国传教士李提摩太在主持广学会时曾将“争取中国士大夫中有势力的集团，启开皇帝和政治家们的思想”作为其行动的指导思想，李提摩太这样做的根本目的是(　　)。

A. 企图影响中国的政治方向

B. 传播基督教的教义、文化

C. 向中国统治阶级介绍西方民主思想

D. 改变中国传统文化内涵

41. 有人用“一战而人皆醒矣，一战而人皆明矣”来形容中国人民普遍的民族意识的觉醒。“一战”指的是(　　)。

A. 第一次鸦片战争　　B. 中法战争

C. 八国联军侵华战争　　D. 甲午中日战争

42. 认识中国近代一切社会问题和革命问题的最基本的依据是了解(　　)。

A. 中国近代社会近代化的历史过程

B. 中国近代社会半殖民地半封建的性质

C. 中国近代民族民主革命的性质

D. 中国近代社会经济结构的变化过程

43. 八国联军侵华后，侵略者曾扬言瓜分中国，然而最终未能如愿，其根本原因是(　　)。

A. 帝国主义列强之间的矛盾和利益冲突

B. 洋务运动后清政府武装力量的增强

C. 帝国主义放松了对中国的侵略

D. 义和团反帝爱国运动等中华民族不屈不挠的反侵略斗争

44. 中国封建社会政治的基本特征是(　　)。

A. 君主立宪制　　B. 中央集权的君主专制

C. 资产阶级共和制　　D. 三权分立制

45. 外国在中国开设的第一家银行是(　　)。

A. 英国丽如银行　　B. 英国汇丰银行

C. 德国德华银行　　D. 美国花旗银行

46. 1895 年，严复就写了《救亡决论》一文，响亮地喊出了(　　)。

A. “救亡”的口号　　B. 实行君主共和

C. 振兴中华　　D. 天下兴亡，匹夫有责

47. 帝国主义列强对中国进行经济侵略的方式，主要是(　　)。

A. 商品倾销与资本输出　　B. 军事侵略与资本输出

C. 政治控制与资本输出　　D. 商品倾销与政治控制

48. 中国封建社会最后一个皇帝是(　　)。

A. 光绪　　B. 宣统　　C. 乾隆　　D. 道光

49. 第二次鸦片战争中，掠夺中国领土最多的国家是(　　)。

A. 法国　B. 英国　C. 俄国　D. 美国

50. 中国近代最早被列强割占的领土是(　　)。

A. 台湾岛　B. 香港岛　C. 九龙岛　D. 澳门

51. 1860 年第二次鸦片战争中，(　　)联军抢劫并烧毁了圆明园。

A. 英美　B. 英法　C. 英德　D. 英俄

52. 近代中国反侵略斗争失败的根本原因是(　　)。

A. 经济技术的落后　B. 思想文化的落后

C. 社会制度的腐败　D. 军队素质较差

53. 19 世纪 90 年代出现帝国主义瓜分中国的狂潮，瓜分狂潮源于“三国干涉还辽事件”，这里的“三国”是指(　　)。

A. 英法美　B. 英德意　C. 俄德法　D. 俄美日

54. 美国强迫清朝政府签订的第一个不平等条约是(　　)。

A.《黄埔条约》　B.《马关条约》

C.《辛丑条约》　D.《望厦条约》

55. 在 1885 年(　　)战争中，清军虽然取得胜利，但腐败的清政府依然答应侵略者的要求，签订了不平等条约。

A. 中英　B. 中日　C. 中法　D. 中美

56. 帝国主义列强掀起瓜分中国的狂潮是在(　　)。

A. 中日甲午战争爆发后　B. 第一次鸦片战争爆发后

C. 八国联军战争爆发后　D. 第二次鸦片战争爆发后

57. 下列关于近代中国表述不正确的是(　　)。

A. 中国的半殖民地半封建社会是一种从属于资本主义世界体系的畸形社会形态

B. 外国资本主义的入侵，为中国资本主义产生提供了某些客观条件

C. 中国工人阶级是中国最革命的阶级

D. 民族资本主义经济是近代中国社会经济的主要形式

58. 近代中国社会最主要的矛盾是(　　)。

A. 无产阶级与资产阶级的矛盾　B. 中华民族与帝国主义的矛盾

C. 农民阶级与地主阶级的矛盾　D. 人民大众与封建主义的矛盾

59. 近代中国实现国家富强和人民富裕的前提是(　　)。

A. 振兴实业　　B. 科技创新
C. 民族独立和人民解放　　D. 改革教育

60. 中国民主革命的主力军是(　　)。

A. 工人　　B. 农民　　C. 资产阶级　　D. 知识分子

二、多选题

1. 中国封建社会的结构特点是族权和政权相结合的封建宗法等级制度。其核心是宗族家长制，突出(　　)。

A. 父权　　B. 夫权　　C. 君权　　D. 族长权

2. 鸦片战争前，中国虽是一个独立自主的封建国家，但已处于封建社会晚期。下列对当时中国社会状况的叙述，正确的有(　　)。

A. 经济上，中国资本主义萌芽不断发展
B. 政治上，清王朝实行高度集权的君主专制已腐败不堪
C. 文化上，清朝统治者实行严厉的文化专制政策，钳制人们的思想
D. 对外关系上，清王朝长期实行严格限制对外交往和贸易的闭关锁国政策

3. 产生资本主义生产方式需要的前提是(　　)。

A. 世界市场的广泛开拓
B. 少数人积累大量的货币财富
C. 思想上的启蒙运动
D. 大批劳动者成为自由出卖劳动力的无产者

4. 英国对中国发动侵略战争(　　)。

A. 是英国资本主义扩张发展的客观要求
B. 是英国政府蓄谋已久的政策
C. 根本原因是由中国人民禁烟斗争引起的
D. 根本目的在于打开中国大门，使中国成为英国资本主义发展的商品市场和原料产地

5. 十九世纪五十至八十年代，俄国共侵占我国领土150多万平方千米，这主要是通过(　　)完成的。

A.《瑷珲条约》 B.《北京条约》
C.《勘分西北界约记》 D.《改订伊犁条约》

6. 为了统治中国，资本－帝国主义列强在政治上采取的主要方式是(　　)。

A. 控制中国的内政、外交 B. 发动侵略战争，划分势力范围
C. 镇压中国人民的反抗 D. 扶植、收买代理人

7. 中英《南京条约》签订后，美、法趁火打劫，相继逼迫清政府签订的不平等条约有(　　)。

A.《虎门条约》 B.《望厦条约》
C.《黄埔条约》 D.《马关条约》

8. 中日甲午战争后，劝告日本退还辽东半岛的国家有(　　)。

A. 英国 B. 俄国 C. 法国 D. 德国

9. 下面对义和团运动的评价，正确的有(　　)。

A. 其斗争锋芒指向外国侵略势力，粉碎了列强瓜分中国的迷梦，向世界显示了中华民族反抗外来压迫的无穷力量

B. 将清政府的卖国投降面目暴露于国人面前

C. 打击了封建统治势力

D. 阻止了中国的半殖民地化进程

10. 帝国主义对华资本输出的方式有(　　)。

A. 开设工厂

B. 设立银行

C. 向清政府进行政治贷款

D. 争夺中国铁路的投资权，投资中国矿山

11. 近代中国人民的反侵略战争(　　)。

A. 沉重地打击了帝国主义列强的侵华野心

B. 使我们的国家和民族历尽劫难、屡遭侵略而不亡

C. 所表现出来的爱国主义精神，铸成了中华民族的民族魂

D. 反侵略战争的失败，从反面教育了中国人民，极大地促进了中国人的思考、探索和奋起，反侵略战争的过程，是中华民族逐步觉醒的过程

12. 帝国主义列强并没有能够实现瓜分中国的图谋，其原因是(　　)。

A. 帝国主义之间的矛盾和相互制约
B. 中华民族不屈不挠反侵略斗争
C. 帝国主义列强与中国政府之间的妥协
D. 义和团运动沉重打击和教训了帝国主义列强

13. 帝国主义列强在对中国实行军事侵略、政治控制、经济掠夺的同时，还对中国进行文化渗透。其意图是(　　)。
A. 宣扬殖民主义奴化思想
B. 麻醉中国人民的精神
C. 传播西方文明
D. 摧毁中国人的民族自尊心和自信心

14. 1842 年《南京条约》规定，开放为通商口岸的港口城市有(　　)等。
A. 广州　　B. 香港　　C. 福州　　D. 宁波

15. 从 1840 年至 1919 年，中国人民对外来侵略进行了英勇顽强的反抗，但都以失败而告终。对中国社会内部而言，近代中国反侵略斗争失败的原因是(　　)。
A. 社会制度的腐败　　B. 经济技术的落后
C. 外国侵略势力强大　　D. 资产阶级的妥协

16. 在《海国图志》中，魏源提出的主要思想有(　　)。
A. “师夷长技以制夷”的思想
B. 主张学习外国先进的军事和科学技术
C. 大力发展民族工商业
D. 同西方国家进行“商战”

17. 近代帝国主义列强攻入北京的侵华战争有(　　)。
A. 第一次鸦片战争　　B. 中日甲午战争
C. 八国联军战争　　D. 第二次鸦片战争

18. 近代中国半殖民地半封建社会的主要矛盾是(　　)。
A. 无产阶级同资产阶级的矛盾
B. 帝国主义同中国封建势力的矛盾
C. 封建主义同人民大众的矛盾
D. 帝国主义同中华民族的矛盾

19. 中英《南京条约》的签订，对中国社会产生的影响有(　　)。
A. 封建经济消亡
B. 中国开始被卷入资本主义市场
C. 封建的自然经济解体加速
D. 中国完全丧失了独立自主的主权

20. 鸦片战争后，中华民族面对的历史任务是(　　)。
A. 民族独立　　B. 人民解放
C. 国家繁荣富强　　D. 人民共同富裕

21. 鸦片战争是中国历史的转折点，这里的“转折”是指(　　)。
A. 中国国内主要阶级地位的转变　　B. 社会性质的转变
C. 中国社会主要矛盾的转变　　D. 中国革命性质的转变

22. 第二次鸦片战争以后(　　)。
A. 中国成立了总理各国事务衙门
B. 加速了西方侵略者与中国封建统治者的勾结
C. 中国已经被卷入了资本主义世界市场
D. 自然经济在中国已不占主体地位

23. 林则徐领导的禁烟运动(　　)。
A. 是中国禁烟运动的最终胜利
B. 销毁了英国和美国商人的大量鸦片
C. 显示了反抗外国侵略的坚强决心
D. 维护了中华民族的尊严

24. 鸦片战争对中国的影响有(　　)。
A. 中国自给自足的封建经济逐步解体，中国逐渐卷入世界资本主义市场
B. 封建主义和人民大众的矛盾成为最主要的矛盾
C. 中国人民从此肩负起了反封建反侵略的双重革命任务
D. 中国从此进入旧民主主义革命时期

25. 近代以来，帝国主义列强侵略中国的方式主要有(　　)。
A. 军事侵略　　B. 政治控制　　C. 经济掠夺　　D. 文化渗透

26. 林则徐被誉为近代中国“睁眼看世界的第一人”，魏源编成《海国图志》，提出了“师夷长技以制夷”的主张。他们的共同点是(　　)。

A. 提倡新思想都是为了维护清王朝的封建统治
B. 思想都带有鲜明的时代特点
C. 都主张放眼世界、探索救国之路
D. 都未能完全冲破封建思想的牢笼

27. 19 世纪 70 年代以后，主张学习西方的科学技术，同时也要求吸纳西方的政治、经济学说的代表人物有(　　)。

A. 王韬　B. 薛福成　C. 马建忠　D. 郑观应

28. 在中国近代，英国通过一系列不平等条约控制了深圳河以南整个九龙半岛和香港等岛屿，这些条约有(　　)。

A. 《南京条约》　B. 《北京条约》
C. 《天津条约》　D. 《展拓香港界址专条》

29. 《马关条约》后，列强掀起瓜分中国的狂潮，他们纷纷在中国各地划分其势力范围，主要有(　　)。

A. 英国将长江流域划为其势力范围
B. 俄国将东北划为其势力范围
C. 德国将山东划为其势力范围
D. 法国将两广、云南划为其势力范围

30. 鸦片战争爆发前，英国等西方国家向中国走私大量的鸦片，其结果是(　　)。

A. 毒害了中国人的身体和精神　B. 造成中国财政危机
C. 加重了中国劳动人民的负担　D. 导致官员受贿腐败

三、判断题

1. 西方殖民主义势力侵略东方，是为了使东方国家成为独立的资本主义社会。(　　)

2. 近代中国是一个半殖民地半封建社会，近代中国的所有地区，在所有时期都是半殖民地。(　　)

3. 近代中国社会的主要矛盾是帝国主义与中华民族的矛盾。(　　)

4. 帝国主义列强并没有能够实现瓜分中国的图谋，根本原因是帝国主义

列强之间的矛盾和互相制约。（　）

5. 只有通过革命获得民族独立和人民解放以后，中国人民才可能集中力量进行现代化建设，实现国家富强和人民富裕。（　）

6. 1861 年，中国发生了一场宫廷政变，即辛酉政变，恭亲王奕䜣和慈禧太后掌握国家政权，对外推行媚外卖国的政策。（　）

7. 帝国主义列强侵略、压迫中国人民的过程，同时也是中国人民不断反抗外国侵略、压迫的过程。（　）

8. 由于《马关条约》规定允许外国人在中国办工厂，外国资本家争先恐后地涌向中国投资，这样西方列强大规模的资本侵略由此开始。（　）

9. 民族资本主义经济是近代中国社会经济的主要形式。（　）

10. 近代中国人民反侵略战争失败的根本原因是当时中国武器装备落后。（　）

11. 帝国主义列强对中国的侵略，首先和主要的是军事侵略。（　）

12. 帝国主义列强对中国的争夺和瓜分的图谋，在中法战争爆发后达到高潮。（　）

13. 外国资本-帝国主义对中国的侵略客观上促进了中国资本主义的发展。（　）

14. 根据不平等条约，外国人在租界里享有领事裁判权。（　）

15. 近代史上，英国在中国上海设立了第一块租界。（　）

16. 在甲午战争后，严复翻译的《天演论》所宣传的重要思想是“天下兴亡，匹夫有责”。（　）

17. 认识中国近代一切社会问题和革命问题的最基本的依据是认识中国近代民族民主革命的性质。（　）

18. 帝国主义列强对中国进行文化渗透的目的是加速中国文明进程。（　）

19. 西方资本主义的入侵，使得中国自给自足的封建自然经济开始解体，封建经济在社会经济中不再占据主导地位。（　）

20. 外国资本在中国设立的银行，是它们对中国进行资本输出的枢纽。（ ）

21. 正是中国人民前赴后继、英勇顽强的斗争，才使我们的国家和民族历经劫难、屡遭侵略而不亡。（ ）

22. 武器是战争的重要因素，但不是决定因素。决定因素是人不是物。（ ）

23. 鸦片战争的爆发使中国人民的民族意识开始普遍觉醒。（ ）

24. 民族危机激发了中华民族的觉醒，增强了中华民族的凝聚力。（ ）

25. 根据有关不平等条约的规定，帝国主义有权在中国领土上驻军。（ ）

26. 近代战争赔款直接破坏和阻碍了中国的经济发展。（ ）

27. 太平天国运动是近代史上中国人民第一次大规模的反侵略武装斗争。（ ）

28. 中国的民族资本主义经济始终不在中国社会经济中占主导地位。（ ）

29. 魏源提出了“师夷长技以制夷”的思想，所以他是近代中国睁眼看世界的第一人。（ ）

30. 帝国主义列强在中国的统治方式是“以华制华”。（ ）

四、思考题

1. 资本-帝国主义入侵给中国带来了什么？

2. 简述近代中国人民反侵略斗争的重要意义。

3. 中国近代历次反侵略斗争失败的原因和教训是什么？

第二章
对国家出路的早期探索

教学目的和要求： 通过本章学习，学生了解农民阶级发动的太平天国运动、地主阶级改革派发动的洋务运动和资产阶级改良派发动的维新运动的背景和历程，掌握太平天国运动、洋务运动和维新运动的历史作用和局限性，认识到农民阶级、地主阶级和资产阶级都不可能使中国真正实现民族独立和国家富强，进而理解无产阶级领导中国革命走向胜利的必然性。

教学重点： 1. 评价太平天国的重要纲领性文件；

2. 对洋务运动的指导思想和基本纲领的分析和评价；

3. 百日维新述评。

教学难点： 正确认识太平天国运动、洋务运动和戊戌变法失败的原因。

一、单选题

1. 1853 年 3 月，太平军占领南京，定为首都，改名为(　　)。

A. 西京　　B. 京都　　C. 天京　　D. 金陵

2. 最能体现太平天国社会理想和这次农民起义特色的纲领性文件是(　　)。

A. 《资政新篇》　　B. 《天朝田亩制度》

C. 《万大洪告示》　　D. 《原道醒世训》

3. 《天朝田亩制度》规定平均分配土地的原则是(　　)。

A. “抽肥补瘦，抽多补少”　　B. “等贵贱，均贫富”

C. “凡天下田，天下人同耕”　　D. “平均地权”

4. 太平天国由盛转衰的分水岭是(　　)。

A. 天京事变
B. 安庆失陷
C. 洪秀全病逝
D. 北伐失利

5. 洋务运动时期，国内最大的兵工厂是(　　)。
A. 金陵机器局
B. 福州船政局
C. 上海江南制造总局
D. 天津机器局

6. 洋务运动时期，清政府的海军主力是(　　)。
A. 福建水师
B. 北洋水师
C. 广东水师
D. 南洋水师

7. 洋务运动时期，李鸿章的主张是(　　)。
A. “灭发、捻为先，治俄次之，治英又次之”
B. “但求外敦和好，内要自强”
C. “师夷长技以制夷”
D. “变者天下之公理也”

8. 冯桂芬对洋务派兴办洋务事业的指导思想做出比较完整表述的著作是(　　)。
A. 《仁学》
B. 《劝学篇》
C. 《校邠庐抗议》
D. 《盛世危言》

9. 洋务运动时期，主要培养翻译人才的学校是(　　)。
A. 京师大学堂
B. 工艺学堂
C. 船政学堂
D. 京师同文馆

10. 洋务运动时期，当时国内最大的造船厂是(　　)。
A. 福州船政局
B. 天津机器局
C. 湖北枪炮厂
D. 上海江南制造总局

11. 戊戌维新时期，梁启超的主要著作是(　　)。
A. 《日本变政考》
B. 《仁学》
C. 《新学伪经考》
D. 《变法通议》

12. 戊戌维新时期，严复在天津主办的报纸是(　　)。
A. 《国闻报》　B. 《时务报》　C. 《京报》　D. 《大公报》

13. 戊戌维新时期，康有为主持的重要学堂是(　　)。
A. 京师大学堂
B. 广方言馆

C. 时务学堂　　D. 广州万木草堂

14. 百日维新中，光绪皇帝颁布的政令要求各省书院改为(　　)。

A. 预备学校　　B. 私塾　　C. 高等学堂　　D. 专业学会

15. 百日维新中，光绪皇帝颁布的政令要求裁减旧式绿营兵，改练(　　)。

A. 新式海军　　B. 新式陆军　　C. 新式炮兵　　D. 新式骑兵

16. 戊戌政变后，新政措施大部分被废除，被保留下来的是(　　)。

A. 京师大学堂　　B. 准许旗人自谋生计

C. 改革财政　　D. 改革行政机构

17. 近代中国派遣第一批留学生是在(　　)。

A. 洋务运动时期　　B. 戊戌维新时期

C. 清末“新政”时期　　D. 辛亥革命时期

18. 洋务运动中，左宗棠率领的用洋枪装备的军队是(　　)。

A. 鄂军　　B. 淮军　　C. 湘军　　D. 川军

19. 洋务运动后期，张之洞反复强调封建的纲常伦理不可变的著述是(　　)。

A. 《劝学篇》　　B. 《醒世恒言》　　C. 《盛世危言》　　D. 《天演论》

20. 戊戌变法后，慈禧太后重新“垂帘听政”的名义是(　　)。

A. “军政”　　B. “宪政”　　C. “亲政”　　D. “训政”

21. 太平天国之所以是中国农民战争的最高峰，主要是因为(　　)。

A. 其规模和延续时间均属空前

B. 建立了与清政府对立的政权

C. 制定了比较完整的革命纲领

D. 对封建王朝的打击空前沉重

22. 康有为把西方资本主义的政治学说同传统的儒家思想结合，打着孔子旗号，“托古改制”，宣传维新变法的道理。这反映出的根本问题是(　　)。

A. 中国的封建顽固势力相当强大

B. 中国民族资产阶级具有软弱性

C. 中国的封建传统思想根深蒂固

D. 中国民族资产阶级日趋成熟

23. 太平天国运动失败的根本原因是(　　)。

A. 旧式农民战争的局限性

B. 拜上帝教不合中国国情

C. 在军事策略上屡犯错误

D. 封建地主阶级势力强大

24. 洋务运动之所以没有达到“师夷长技以自强”的目的，根本原因是(　　)。

A. 沿用传统的生产管理方式

B. 没有从根本上触及封建生产关系

C. 没有兴办真正的资本主义企业

D. 没有相对稳定的“和平环境”

25. 维新运动最后因以慈禧为首的保守势力的镇压而失败。慈禧镇压维新派这一事件史称(　　)。

A. 北京政变　　B. 戊戌变法　　C. 戊戌政变　　D. 辛酉政变

26. 揭开维新变法运动序幕的事件是(　　)。

A. 康有为第一次上书　　B. 公车上书

C. “南学会”创立　　D. 《孔子改制考》发表

27. 中国近代资本主义(　　)。

A. 是由封建社会中的资本主义萌芽发展而来的

B. 与明清手工业在行业上分布基本相同

C. 是受外国资本主义入侵刺激而产生的

D. 从根本上破坏了封建地主土地所有制

28. 《马关条约》中，有利于列强对华经济扩张的条款是(　　)。

A. 开辟新的内河航线

B. 在苏杭富庶地区开放新的通商口岸

C. 允许日本在通商口岸开设工厂

D. 给予日本巨额赔款

29. 戊戌变法运动最突出的历史功绩在于(　　)。

A. 挽救民族危亡　　B. 推动了资本主义的政治改革

C. 促进思想启蒙　　D. 发展资本主义经济

30. 洋务运动开展的主要活动中，最能体现洋务派初衷的是(　　)。

A. 筹划海防　　B. 创办民用工业

C. 创办军用工业　　D. 培养人才

31. 天京变乱说明的基本道理是(　　)。

A. 农民阶级的领袖缺乏革命的进取心

B. 农民政权内部的斗争不可避免

C. 小农经济的分散性决定了农民阶级不能形成坚强的领导核心

D. 农民阶级不是一个先进的阶级

32. 最早提出在中国发展资本主义方案的是(　　)。

A. 洪仁玕　　B. 严复　　C. 康有为　　D. 谭嗣同

33. 李鸿章是中国近代史上的一个重要人物，他镇压了太平军和捻军起义，签订了《辛丑条约》等一系列不平等条约，在许多方面负有不可推卸的责任。但李鸿章仍有值得肯定之处，其中最为典型的是(　　)。

A. 掀起“向西方学习”的新思潮　　B. 是洋务运动的主要实践者

C. 与顽固派进行论　　D. 率兵收复新疆

34.《天朝田亩制度》之所以无法实现的根本原因是(　　)。

A. 违背了社会发展的规律　　B. 地主阶级的反对和破坏

C. 迫于当时的战争环境　　D. 没有充足的物质条件

35. 李大钊说：“太平天国禁止了鸦片，却采用了宗教；不建设民国，而建设天国，这是他们失败的一个重要原因。”这主要是指太平天国运动(　　)。

A. 缺乏科学理论指导　　B. 没有彻底的革命精神

C. 没有现实的革命目标　　D. 对西方列强的侵略缺乏警觉

36. “探源之策，在于自强，自强之术，必先练兵”，表明洋务运动的根本目的是(　　)。

A. 购买洋枪、洋炮增强自己的军事实力

B. 抵制帝国主义的侵略

C. 学习帝国主义先进技术

D. 镇压农民起义，发展本集团的实力

37. 李鸿章说：“必先富而后能强，尤必富在民生而国本乃可益固。”为了实现“先富而后能强”的目标，以李鸿章为代表的“洋务派”(　　)。

A. 创办江南制造总局　　B. 筹划海防，建立海军
C. 创办新式学校　　D. 创办轮船招商局

38. 洋务运动中，洋务派创办的第一个军工企业是(　　)。
A. 上海江南制造总局　　B. 安庆内军械所
C. 福州船政局　　D. 湖北枪炮厂

39. “上海轮船招商局创办三年内，外轮就损失了1300万两（白银），湖北官办织布局开办后，江南海关每年洋布进口减少10万匹。”这说明洋务派民用工业的兴办(　　)。
A. 抵制了中国资本主义的产生和发展
B. 抵制了外国经济势力的扩张
C. 将外商排除出中国市场
D. 使中国走上“自强”的道路

40. 在洋务派中，最早力主向西方派遣留学生的是(　　)。
A. 奕䜣　　B. 曾国藩　　C. 张之洞　　D. 左宗棠

41. 梁启超在《变法通议》中说：“变法之本，在育人才；人才之兴，在开学校；学校之立，在变科举。而一切要其大成，在变官制。”这表明梁启超认为变法之本在于学习近代西方的(　　)。
A. 科学知识　　B. 选官制度　　C. 军事技术　　D. 政治制度

42. 严复认为，国家是“民之公产”，王侯将相不过是“通国之公仆隶”，而专制帝王则是“窃国者耳”。这表明维新派与守旧派论战的问题之一是(　　)。
A. 要不要变法　　B. 要不要废八股、改科举
C. 要不要实行君主立宪制　　D. 要不要兴西学

43. 在维新派与守旧派的论战中，守旧派代表人物荣禄坚持“祖宗之法不可变”，大学士徐桐甚至主张“宁可亡国，不可变法”，他们的根本目的是(　　)。
A. 维护本集团的封建统治　　B. 实现中国的自强求富
C. 遏制维新派的异端邪说　　D. 保持封建中国的纲常伦理不变

44. 1898年6月16日，康有为上书光绪帝：“皇上勿去旧衙门，而惟增新衙门；勿黜革旧大臣，而渐擢小臣。多召见才俊之士，不必加其官而委以差事，

赏以卿衔；准其专折奏事足矣。”这反映维新派在变法中的态度是(　　)。

A. 要求光绪皇帝加紧对封建官吏的争夺

B. 要使更多的维新派参与政权

C. 对封建势力表现出软弱性与妥协性

D. 要光绪皇帝在变法中讲究策略

45. 洋务运动对中国社会进程的主要影响是(　　)。

A. 促成了封建统治集团内部的分化

B. 建立中国近代第一支海军

C. 开始了中国早期工业化进程

D. 初次实践了“师夷长技”的思想

46. 太平军所进行的战争，是一次(　　)。

A. 反对清政府腐朽统治和资产阶级压迫、剥削的正义战争

B. 反对清政府腐朽统治和地主阶级压迫、剥削的正义战争

C. 反对帝国主义统治和地主阶级压迫、剥削的正义战争

D. 反对帝国主义统治和官僚资产阶级压迫、剥削的正义战争

47. 太平天国运动爆发的标志是(　　)。

A.《天朝田亩制度》的颁布　　B. 拜上帝教建立

C. 金田起义　　D. 太平军定都南京

48. 中国封建社会农民战争的最高峰是(　　)。

A. 太平天国运动　　B. 三元里人民的抗英斗争

C. 辛亥革命　　D. 义和团运动

49.《资政新篇》是一个(　　)。

A. 具有鲜明资本主义色彩的方案　　B. 具有鲜明封建主义色彩的方案

C. 具有鲜明小资产阶级色彩的方案　　D. 具有鲜明社会主义色彩的方案

50. 洋务运动兴起于(　　)。

A. 19 世纪 60 年代初　　B. 19 世纪 70 年代初

C. 19 世纪 30 年代初　　D. 19 世纪 80 年代初

51. 对洋务派兴办洋务企业的指导思想最先作出比较完整表述的是(　　)。

A. 冯桂芬　　B. 曾国藩　　C. 李鸿章　　D. 左宗棠

52. 洋务运动的指导思想是(　　)。

A. “中学为体，西学为用”　　B. “西学为体，中学为用”

C. “师夷长技以制夷”　　D. “物竞天择”“适者生存”

53. 中国民族资产阶级登上政治舞台的第一次表演是(　　)。

A. 戊戌维新　　B. 太平天国　　C. 辛亥革命　　D. 义和团运动

54. 洋务运动中，洋务派兴办的军用企业采取的创办方式是(　　)。

A. 官督商办　　B. 官办　　C. 商办　　D. 官商合办

55. 洋务运动中，将“中体西用”思想上升为理论体系并指导实践的是(　　)。

A. 李鸿章　　B. 曾国藩　　C. 张之洞　　D. 左宗棠

56. 下列关于洋务运动的论述不正确的是(　　)。

A. 洋务运动是一场封建统治者的自救运动

B. 洋务运动客观上促进了中国资本主义的发展

C. 洋务运动是一场资产阶级性质的政治改革运动

D. 洋务运动的失败是必然的

57. 维新派与守旧派的论战，其实质是(　　)。

A. 资产阶级思想与封建主义思想在中国的第一次交锋

B. 帝党与后党的权利之争

C. 保皇派与革命派的争斗

D. 顽固派与洋务派的对抗

58. 下列关于戊戌维新运动论述不正确的是(　　)。

A. 戊戌维新运动是一次爱国救亡运动

B. 戊戌维新运动是一场资产阶级性质的政治改革运动

C. 戊戌维新运动是一场思想启蒙运动

D. 戊戌维新运动的目的是推翻清政府的统治

59. 维新变法运动的政治目的是要在中国实现(　　)。

A. 君主专制　　B. 君主立宪　　C. 共和政体　　D. 联邦政体

60. “戊戌六君子”中，在就义前喊出“有心杀贼，无力回天”的是(　　)。

A. 康有为　　B. 杨深秀　　C. 谭嗣同　　D. 刘光第

二、多选题

1. 下列选项中属于洪秀全宗教理论来源的是(　　)。

A. 西方基督教教义　　B. 儒家大同思想

C. 农民平均主义　　D. 道家无为思想

2. 下列关于《天朝田亩制度》叙述正确的是(　　)。

A. 确定了平均分配土地的方案

B. 具有空想性质

C. 是以解决土地问题为中心的比较完整的社会改革方案

D. 它的主张从根本上否定了封建地主的土地所有制

3. 太平天国运动早期领导人有(　　)。

A. 陈玉成　　B. 杨秀清　　C. 石达开　　D. 李秀成

4. 天京变乱爆发的原因有(　　)。

A. 清政府对革命阵营内部的渗透

B. 太平天国军事失势在政治上的反映

C. 领导集团内部矛盾的激化

D. 根深蒂固的封建帝王思想的影响

5. 洋务运动时期，洋务派代表人物包括(　　)。

A. 张之洞　　B. 奕䜣　　C. 曾国藩　　D. 李鸿章

6. 洋务运动时期，洋务派创办的工艺学堂培养的专门人才包括(　　)。

A. 电报　　B. 铁路　　C. 海军　　D. 西医

7. 洋务运动时期，康有为向光绪皇帝进呈的介绍外国变法经验教训的书籍是　(　　)。

A. 《日本变政考》　　B. 《俄彼得变政记》

C. 《波兰分灭记》　　D. 《欧游心影录》

8. 太平天国运动失败的原因主要在于(　　)。

A. 农民阶级不是新生产力的代表者　　B. 没有科学的指导思想

C. 对侵略者本质认识不清　　D. 领导集团内部的腐败

9. 戊戌六君子包括(　　)。

A. 谭嗣同　　B. 梁启超　　C. 林旭　　D. 康广仁

10. 中国早期民族资产阶级来源于(　　)。

A. 官僚　　B. 地主

C. 商人　　D. 手工业作坊主

11. 洋务派创办的新式学堂的类型主要有(　　)。

A. 翻译学堂　　B. 工艺学堂　　C. 军事学堂　　D. 法政学堂

12. 太平天国农民革命派探索国家出路的纲领性文献有(　　)。

A.《天朝田亩制度》　　B.《太平礼制》

C.《天下一家，共享太平》　　D.《资政新篇》

13. 太平天国运动对中国社会发展所起的积极作用是(　　)。

A. 沉重地打击了封建统治势力

B. 有利于中国民族资本主义的发展

C. 一定程度上削弱了封建统治的精神支柱

D. 打击了西方殖民势力

14. 导致太平天国运动爆发的原因有(　　)。

A. 封建统治者的腐朽　　B. 外国资本主义的侵略

C. 自然灾害严重　　D. 无产阶级与资产阶级矛盾激化

15. 下列关于洋务运动叙述正确的是(　　)。

A. 洋务运动是封建统治阶级为了维护自己的统治而进行的一场自救运动

B. 客观上促进了民族资本主义的发展

C. 口号是“自强”和“求富”

D. 触及封建统治的根基

16. 洋务运动中，创办民用企业采取的方式有(　　)。

A. 官办　　B. 中外合资　　C. 官督商办　　D. 官商合办

17. 魏源在其所著的《海国图志》一书中提出了“师夷长技以制夷”的思想，而19世纪60年代开始的洋务运动则提出了“自强、求富”的口号，二者的相同点是(　　)。

A. 都是以维护清朝统治为目的

B. 都有抵御外来侵略的意图

C. 主要体现了地主阶级的要求

D. 意识到了中国落后挨打的根本原因

18. 洋务派兴办洋务事业的主要目的是(　　)。

A. 镇压农民起义

B. 发展本集团的政治、经济、军事实力

C. 加强海防、边防

D. 在中国发展资本主义

19. 洋务运动失败的主要原因有(　　)。

A. 具有封建性

B. 对外国具有依赖性

C. 管理具有腐朽性

D. 触动了封建体制，遭到顽固派的反对

20. 维新派把向西方学习推进到一个新的高度，即不但要学习西方的科学技术，而且要学习西方的(　　)。

A. 共和政体　　B. 民风民俗　　C. 思想文化　　D. 政治制度

21. 19世纪末，维新派与守旧派展开了一场论战。论战主要围绕的问题是(　　)。

A. 要不要变法　　B. 要不要学习西方，实行君主立宪

C. 要不要废八股、改科举　　D. 要不要兴西学

22. 从19世纪70年代到90年代，清政府创建的新式海军主要有(　　)。

A. 广东水师　　B. 北洋水师　　C. 福建水师　　D. 东海水师

23. 戊戌维新运动时期，维新派本身的局限性突出表现在(　　)。

A. 不敢否定封建主义　　B. 没有明确的政治纲领

C. 对帝国主义抱有幻想　　D. 没有发动人民群众

24. 洋务运动失败的标志是(　　)。

A. 甲午战争失败　　B. 广东水师全军覆没

C. 北洋水师全军覆没　　D. 南洋水师全军覆没

25. 从19世纪60年代到90年代，洋务派兴办的洋务事业有(　　)。

A. 兴办军用、民用企业　　B. 建立新式海军、陆军

C. 创办新式学堂　　D. 派遣留学生

26. 下列人物属于洋务派的有(　　)。

A. 曾国藩　　B. 奕䜣　　C. 左宗棠　　D. 李鸿章

27. 资产阶级维新派的主要代表人物有(　　)。

A. 康有为　　B. 谭嗣同　　C. 严复　　D. 光绪

28. 下列对太平天国运动评价正确的是(　　)。

A. 伟大的反帝反封建的农民革命

B. 代表了中国农民战争的最高水平

C. 沉重打击了中外反动势力

D. 提出了学习西方发展资本主义的方案

29. 维新派宣传维新思想，主要采取的方式有(　　)。

A. 向皇帝上书　　B. 著书立说　　C. 设学堂　　D. 办学会

30. 维新变法运动虽然失败了，但它在中国近代史上仍然有着重大的历史意义。下面对维新变法评价正确的是(　　)。

A. 推动了中华民族的觉醒

B. 沉重打击了西方列强

C. 一定程度上冲击了封建制度

D. 对中国近代教育的发展起到了积极的推动作用

三、判断题

1. 太平天国运动是一场反帝反封建的农民战争。　　(　　)

2. 太平天国后期颁布的《资政新篇》是一个具有资本主义色彩的社会发展方案。　　(　　)

3. 洋务派主张改变封建科举制度，以培养洋务人才。　　(　　)

4. 太平天国运动及其失败表明，单纯的农民战争不可能完成争取民族独立和人民解放的任务。　　(　　)

5. 戊戌维新是一场资产阶级性质的改良运动。　　(　　)

6. 农民是中国民主革命的主力军，但不是领导者。　　(　　)

7. 洋务运动是一场地主阶级的自强自救运动。　　(　　)

8. 洋务派兴办洋务，主要是为了维护封建统治，并不是要使中国走上资

本主义道路。（　　）

9. 维新派主张“中学为体，西学为用”，因此，维新运动中颁布的政令和措施并没有触及封建制度的根本。（　　）

10. 戊戌维新的失败，说明在半殖民地半封建的旧中国，必须用革命手段，才能取得国家独立、民主、富强。（　　）

11. 洋务派兴办洋务新政，是要使中国朝着独立的资本主义方向发展。（　　）

12. 中国近代最早的带有资本主义色彩的社会方案是《天朝田亩制度》。（　　）

13. 1864 年太平天国农民运动失败。失败的根本原因是农民阶级的局限性，换言之，缺乏先进的阶级领导。（　　）

14. 洋务运动中，洋务派与顽固派之间的根本分歧在于要不要学习西方的先进生产技术。（　　）

15. 对洋务派兴办洋务事业的指导思想最先作出比较完整表述的是冯桂芬。（　　）

16. 洋务运动、戊戌变法都是中国人学习西方的实践活动。（　　）

17. 戊戌维新运动是一场资产阶级性质的政治改良运动，更是一场思想启蒙运动。（　　）

18. 戊戌维新运动的失败，说明在半殖民地半封建的中国，企图通过统治者走自上而下的改良道路，是根本行不通的。（　　）

19. 农民是外国侵略者和本国封建统治者主要的压迫对象，也是反抗外国侵略者和本国封建统治者的主要力量。（　　）

20. 戊戌维新运动的兴起说明中国资产阶级开始登上政治舞台。（　　）

21. 《天朝田亩制度》中提出的平均分配土地方案在太平军占领的地区得到了实施。（　　）

22. 洋务运动中，洋务派兴办的民用企业基本上是资本主义性质的近代企业。（　　）

23. 洋务运动客观上对中国民族资本主义的发展起了促进作用。（　　）

24. 戊戌维新时期，维新派与守旧派的论战实质上是资产阶级思想与封建思想的交锋。 ( )

25. 太平天国后期颁布的《资政新篇》是由洪秀全提出来的。 ( )

26. 容闳被称为“中国留学生之父”。 ( )

27. 洋务运动客观上促进中国资本主义发展，所以洋务派是中国民族资产阶级政治上的代表。 ( )

28. 单纯的农民战争不可能完成争取民族独立和人民解放的历史任务。 ( )

29. 洋务派优先发展民用工业，以增强财政收入。 ( )

30. 康有为的代表作《孔子改制考》，假孔子之名“托古改制”，反映了资产阶级的软弱性。 ( )

四、思考题

1. 如何认识太平天国农民战争的意义和失败的原因、教训?

2. 如何认识洋务运动的性质和失败的原因、教训?

3. 如何认识戊戌维新运动的意义和失败的原因、教训?

第三章
辛亥革命与君主专制制度的终结

教学目的和要求： 通过本章学习，学生了解辛亥革命爆发的历史背景、资产阶级革命派的主要活动和辛亥革命的过程，认识资产阶级革命派中的仁人志士为建立资产阶级共和国，实现民族独立和国家富强的不屈不挠的英勇献身精神；掌握孙中山的“三民主义”和资产阶级共和国方案，认识辛亥革命推翻封建帝制、建立民国的意义与近代中国第一次伟大的历史性巨变；了解辛亥革命失败的原因及教训，正确认识资产阶级民主共和国方案的局限性，认识资产阶级领导的旧民主主义革命让位于无产阶级领导的新民主主义革命是历史的必然趋势。

教学重点： 1. 辛亥革命爆发的历史背景；

2. 如何理解资产阶级改良和资产阶级革命的区别，正确认识资产阶级民主革命的必要性和正义性；

3. 辛亥革命的失败及其原因，正确认识民族资产阶级的局限性。

教学难点： 为什么资产阶级共和国方案在中国行不通？

一、单选题

1. 下列各项中，不属于1901年清政府实行“新政”内容的是(　　)。

A. 派遣留学生　　B. 裁撤军机处　　C. 编练新军　　D. 奖励实业

2. 1903年6月，(　　)在上海《苏报》发表《驳康有为论革命书》，批驳康有为所谓“中国之可立宪，不可革命”的谬论。

A. 陈天华　　B. 邹容　　C. 章炳麟　　D. 梁启超

3. 1903 年邹容写的(　　)是中国近代史上第一部宣传革命和资产阶级共和国思想的著作。

A. 《猛回头》　B. 《警世钟》

C. 《革命军》　D. 《驳康有为论革命书》

4. 中国近代第一个资产阶级革命政党是(　　)。

A. 强学会　B. 兴中会　C. 同盟会　D. 国民党

5. 同盟会的机关刊物是(　　)。

A. 《民报》　B. 《新民丛报》　C. 《苏报》　D. 《国民报》

6. 促使孙中山由改良走上革命道路的重大事件是(　　)。

A. 公车上书　B. 百日维新

C. 八国联军侵华　D. 中日甲午战争

7. 1905 年 11 月，孙中山在《民报》发刊词中将中国同盟会的政治纲领概括为(　　)。

A. 创立民国、平均地权

B. 驱除鞑虏、恢复中华、创立合众政府

C. 民族主义、民权主义、民生主义

D. 联俄、联共、扶助农工

8. 武昌起义前，同盟会领导的影响最大的武装起义是(　　)。

A. 南昌起义　B. 萍浏醴起义　C. 镇南关起义　D. 黄花岗起义

9. 辛亥革命爆发之前，长期深入湖北新军做宣传组织工作的是(　　)。

①光复会　②兴中会　③文学社　④同盟会　⑤共进会

A. ①⑤　B. ③⑤　C. ③④　D. ②④

10. 武昌起义的导火线是(　　)。

A. 黄花岗起义　B. 萍浏醴起义　C. 保路运动　D. 广州起义

11. 1912 年 1 月 1 日，孙中山在(　　)宣誓就职。

A. 北京　B. 南京　C. 广州　D. 上海

12. 中国历史上第一部具有资产阶级共和国宪法性质的法典是(　　)。

A. 《钦定宪法大纲》　B. 《中华民国临时约法》

C. 《中华民国约法》　D. 《试训政纲领》

13. 中华民国元年是(　　)。
A. 1910 年　B. 1911 年　C. 1912 年　D. 1913 年

14. 辛亥革命取得的最大成就是(　　)。
A. 推翻了封建帝制　B. 促进了资本主义的发展
C. 使人民获得了一些民主自由权利　D. 打击了帝国主义的殖民势力

15. 下列关于辛亥革命历史意义的表述，不正确的是(　　)。
A. 推翻了清王朝，结束了中国两千多年的封建制度
B. 打击了帝国主义侵略势力，使其难以在中国建立稳定的统治秩序
C. 为民族资本主义的发展创造了条件
D. 使民主共和观念深入人心

16. 南京临时政府的局限性表现为(　　)。
A. 承认清政府与列强所签订的一切不平等条约和一切外债有效
B. 没有提出任何可以满足农民土地要求的政策和措施
C. 维护封建土地制度以及官僚、地主所占有的土地财产
D. 主体是资产阶级革命派

17. 1912 年 8 月，宋教仁为推行政党政治和建立责任内阁制，以同盟会为基础，联合其他党派在北京组成(　　)。
A. 中华革命党　B. 国民党　C. 统一共和党　D. 国民共进会

18. 二次革命失败的最重要原因是(　　)。
A. 革命党人军队不足　B. 国民党力量涣散
C. 袁世凯军队强大　D. 袁世凯得到帝国主义的支持

19. 1914 年 7 月，孙中山在东京成立了(　　)，组织武装反袁。
A. 中国同盟会　B. 中国国民党　C. 兴中会　D. 中华革命党

20. 1915 年，(　　)在云南率先举起反袁护国的旗帜，发动护国战争。
A. 黄兴　B. 段祺瑞　C. 蔡锷　D. 孙中山

21. 资产阶级革命派开展护国运动的主要原因是(　　)。
A. 袁世凯指使刺杀宋教仁
B. 袁世凯强迫国会选举他为正式大总统
C. 袁世凯解散国会
D. 袁世凯复辟帝制

22. 1840—1919 年，比较完全意义上的资产阶级民主革命是(　　)。

A. 辛亥革命　　B. 戊戌维新运动

C. 太平天国革命　　D. 义和团运动

23. 袁世凯为复辟帝制不惜出卖主权，与日本签订了卖国的(　　)。

A.《中日共同防敌军事协定》　　B. 承认外蒙自治

C. “二十一条”　　D. 出让川汉、粤汉铁路

24. 袁世凯死后，中国出现军阀割据局面的社会根源是(　　)。

A. 半殖民地半封建的社会性质　　B. 军阀拥有武装

C. 帝国主义扶植军阀　　D. 军阀派系之间的矛盾

25. 袁世凯死后，英美帝国主义扶植的军阀主要有(　　)。

①直系　　②皖系　　③奉系　　④滇系　　⑤桂系

A. ①②③　　B. ②④⑤　　C. ①④⑤　　D. ②③

26. “府院之争”中，美国支持黎元洪反对中国参加第一次世界大战的目的是(　　)。

A. 加强中立国力量　　B. 抵制皖系势力

C. 扶植黎元洪当总统　　D. 防止日本独霸中国

27. 1917 年孙中山针对(　　)指出“以假共和之面孔，行真专制之手段”，并举起“护法”旗帜。

A. 黎元洪　　B. 段祺瑞　　C. 张作霖　　D. 张勋

28. 标志着中国民族资产阶级领导的旧民主主义革命终结的是(　　)。

A. 二次革命的失败　　B. 护国运动的失败

C. 护法运动的失败　　D. 保路风潮的失败

29. 中国共产党完成孙中山的未竟事业，主要表现在(　　)。

A. 完成了反帝反封建的历史任务

B. 建立了人民民主专政的国家政权

C. 实现了平均地权，把土地分给了广大农民

D. 没收了官僚资本，建立了公有制

30. 中国资产阶级革命派与改良派的根本不同之处是(　　)。

A. 是否反对帝国主义

B. 是否以暴力手段推翻清王朝统治

C. 是否推翻封建帝制

D. 是否实行土地国有

31. 20 世纪初主张“实业救国”的著名实业家楷模是(　　)。

A. 张謇　　B. 周学熙　　C. 荣宗敬　　D. 荣德生

32. 20 世纪，中国的第一次历史性巨变是(　　)。

A. 太平天国运动　　B. 义和团运动　　C. 戊戌变法　　D. 辛亥革命

33. 资产阶级革命派形成的标志是(　　)。

A. 兴中会的成立　　B. 1895 年广州起义

C. 资产阶级革命团体纷纷成立　　D.《革命军》发表

34. 被誉为“革命军中马前卒”的(　　)写了《革命军》，号召人民推翻清王朝，建立“中华共和国”。

A. 黄兴　　B. 宋教仁　　C. 邹容　　D. 陈天华

35. 孙中山先生提出的三民主义是(　　)。

①民主　　②民生　　③民族　　④民权

A. ①③④　　B. ②③④　　C. ①②④　　D. ①②③

36. 革命派和改良派论战的内容包括(　　)。

①要不要以革命手段推翻清王朝　　②要不要推翻帝制，实行共和

③要不要进行民主革命　　④要不要进行社会革命

A. ①③④　　B. ②③④　　C. ①②④　　D. ①②③

37. 辛亥革命的失败是指(　　)。

A. 没有完成反帝反封建的任务　　B. 没有推翻清政府的统治

C. 没有打击帝国主义的在华势力　　D. 没有促进中国革命向前发展

38. 提出“驱除鞑虏，恢复中华，创立民国，平均地权”政治纲领的是(　　)。

A. 兴中会　　B. 华兴会　　C. 光复会　　D. 中国同盟会

39. 孙中山在 1894 年领导建立的资产阶级革命团体是(　　)。

A. 同盟会　　B. 华兴会　　C. 兴中会　　D. 光复会

40. 1840—1919 年，比较完全意义上的资产阶级民主革命是(　　)。

A. 辛亥革命　　B. 戊戌维新运动

C. 太平天国革命　　D. 义和团运动

41. 孙中山认为西方国家贫富不均，劳资矛盾尖锐，“社会革命其将不远”，中国应防患于未然，因此他提出了(　　)。

A. 民族主义　　B. 民权主义　　C. 民生主义　　D. 民主主义

42. 为反对袁世凯刺杀宋教仁和“善后大借款”，孙中山在1913年领导革命党人发动了(　　)。

A. 二次革命　　B. 护国战争　　C. 护法战争　　D. 北伐战争

43. (　　)指出革命是“启迪民智，除旧布新”的良药。

A. 孙中山　　B. 黄兴　　C. 邹容　　D. 章炳麟

44. 在20世纪初出现的资产阶级革命组织中，孙中山领导的同盟会是第一个资产阶级革命政党，标志着中国资产阶级革命进入一个新阶段，因为它(　　)。

A. 成立最早

B. 实现了革命团体的大联合

C. 使资产阶级革命进入一个新阶段

D. 有明确的资产阶级革命纲领和组织

45. 旧三民主义的局限性主要表现在(　　)。

A. 没有提出反封建的土地纲领

B. 没有反映中国人民的民主要求

C. 没有表达资产阶级在经济上的要求

D. 没有明确提出反对帝国主义的要求

46. 辛亥革命的性质是(　　)。

A. 无产阶级社会主义革命　　B. 旧式的资产阶级民主主义革命

C. 新式的资产阶级民主主义革命　　D. 资产阶级维新运动

47. 北洋军阀统治中国之后，一部分革命者幻想像西方那样建立“议会政治”和“政党内阁”，以实现真正的“民主、共和”，这个主张引起了北洋军阀的强烈不满，在其疯狂反扑下，“政党政治”的梦想最终破灭。标志着民国初年“政党政治”破产的是(　　)。

A. 袁世凯称帝　　B. 宋教仁被刺杀

C. 护国运动失败　　D. 护法运动失败

48. 南京临时政府成立后，承认清政府与列强签订的一切不平等条约，其目的是(　　)。

A. 打破列强的外交封锁　　B. 换取列强的支持

C. 尽快稳定国内政局　　D. 争取列强严守中立

49. 1906 年，清政府宣布“预备仿行宪政”。清政府预备立宪的主要目的是(　　)。

A. 顺应世界资本主义潮流　　B. 应付危机，遏制革命

C. 满足立宪派的要求　　D. 借机组织“皇族内阁”

50. “三民主义”中，民生主义指的是孙中山所说的(　　)。

A. 政治革命　　B. 社会革命　　C. 民主革命　　D. 民族革命

51. 孙中山“三民主义”思想的核心是(　　)。

A. 驱除鞑虏　　B. 恢复中华　　C. 建立民国　　D. 平均地权

52. 南京临时政府颁布《临时约法》的目的之一是限制袁世凯的权力，其规定是(　　)。

A. 实行总统制

B. 主权属于全体国民

C. 实行责任内阁制

D. 实行立法、司法、行政三权分立

53. 中国延续了两千多年的封建帝制覆灭的标志是(　　)。

A. 1912 年 2 月 12 日清帝退位　　B. 1911 年 10 月 10 日武昌起义

C. 袁世凯担任临时大总统　　D. 湖北军政府成立

54. 袁世凯和张勋复辟活动失败的根本原因是(　　)。

A. 资产阶级革命派力量强大　　B. 军阀之间的矛盾

C. 帝国主义国家不支持　　D. 民主共和观念深入人心

55. 1912 年成立的国民党，其实际主持人是(　　)。

A. 李烈钧　　B. 宋教仁　　C. 孙中山　　D. 黄兴

56. 下列对辛亥革命和戊戌变法的描述正确的是(　　)。

A. 都要求建立资产阶级共和国　　B. 都带有救亡图存的目的

C. 都主张平均地权　　D. 都意图削弱满洲统治者的权力

57. 辛亥革命后，英美列强积极扶植袁世凯的主要原因是(　　)。

A. 认为袁世凯有能力维持中国“国内秩序”
B. 清政府已无药可救
C. 革命党人损害了列强在华的利益
D. 袁世凯比清政府更加忠于列强

58. 辛亥革命是中国历史上一次政治上、思想上的大解放，这里“思想上的大解放”是指(　　)。
A. 结束了两千多年的封建君主专制制度
B. 使民主观念深入人心
C. 沉重打击了中外反动势力
D. 促进中国民族资本主义的发展

59. 袁世凯与五国银行团签订的《善后借款合同》主要是为了(　　)。
A. 支付外债　B. 复辟帝制　C. 弥补财政赤字　D. 镇压国民党

60. 资产阶级领导的旧民主主义革命连连失败的结果说明(　　)。
A. 资产阶级革命性不断退化
B. 中国缺乏民主革命的条件
C. 资产阶级共和国方案在中国行不通
D. 中国社会主要矛盾的变化

二、多选题

1. 《辛丑条约》的签订，标志着(　　)。
A. 清政府彻底放弃了抵抗外国侵略者的念头
B. 清政府甘当“洋人的朝廷”
C. 国人对清政府更加失望
D. 中国半殖民地半封建社会的格局基本形成

2. 清末“新政”的内容包括(　　)。
A. 设立商部、学部、巡警部等中央行政机构
B. 裁撤绿营，建立新军
C. 颁布商法商律，奖励工商
D. 颁布新的学制

3. 20 世纪初，在民主革命思想传播过程中建立的资产阶级革命团体

有(　　)。

A. 华兴会　　B. 光复会　　C. 兴中会　　D. 同盟会

4. 20 世纪初，在资产阶级民主革命思想的传播中，陈天华以通俗的语言写了(　　)，号召人民奋起革命，推翻清政府这个“洋人的朝廷”。

A. 《革命军》　　B. 《猛回头》

C. 《警世钟》　　D. 《驳康有为论革命书》

5. 20 世纪初，宣传资产阶级民主革命思想的主要人物有(　　)。

A. 康有为　　B. 章炳麟　　C. 邹容　　D. 陈天华

6. 孙中山领导创建的革命团体和政党组织有(　　)。

A. 华兴会　　B. 同盟会　　C. 中华革命党　　D. 兴中会

7. 中国同盟会纲领中涉及的问题有(　　)。

A. 推翻满洲贵族的统治　　B. 建立资产阶级共和国

C. 驱逐占据中国的帝国主义势力　　D. 提出了资本主义的土地纲领

8. 在评价辛亥革命时，毛泽东指出，辛亥革命“有它胜利的地方，也有它失败的地方”。毛泽东得出这一结论的依据是(　　)。

A. 辛亥革命在一定程度上打击了外国侵略势力

B. 辛亥革命推翻了清王朝，结束了封建君主专制制度

C. 辛亥革命没有改变中国半殖民地半封建的社会性质

D. 辛亥革命是一次比较完全意义上的资产阶级革命

9. 策划武昌起义的革命党领导人是(　　)。

A. 黄兴　　B. 黎元洪　　C. 蒋翊武　　D. 孙武

10. 《中华民国临时约法》的内容包括(　　)。

A. 中华民国之主权，属于国民全体

B. 人民享有各项权利

C. 实行总统制，总统有行政、立法、司法权

D. 国家体制实行内阁制

11. 南京临时政府的局限性表现为(　　)。

A. 承认清政府与列强所订的一切不平等条约和一切外债有效

B. 没有提出任何可以满足农民土地要求的政策和措施

C. 维护封建土地制度以及官僚、地主所占有的土地财产

D. 主体是资产阶级革命派

12. 为了防范袁世凯的独裁野心，1912 年 2 月 14 日，临时大总统孙中山在给临时参议院的辞职咨文中提出辞职的附加条件是(　　)。

A. 袁世凯承认共和

B. 临时政府设在南京

C. 新总统到南京就职

D. 新总统要遵守《中华民国临时约法》

13. 南京临时政府成立后，帝国主义列强对它采取的孤立和敌视政策是(　　)。

A. 公然要挟清政府派兵镇压　　B. 不承认南京临时政府

C. 增派军队进行武力威胁　　D. 扣留中国海关税收

14. 辛亥革命失败后，资产阶级革命派为挽救革命成果而进行的斗争主要有(　　)。

A. 二次革命　　B. 护国运动　　C. 护法运动　　D. 保路风潮

15. 袁世凯能够篡夺辛亥革命胜利果实的主要原因是(　　)。

A. 帝国主义列强的支持

B. 袁世凯拥有强大的军事力量

C. 国内封建势力的支持

D. 资产阶级的软弱性

16. 以袁世凯为首的北洋军阀投靠帝国主义的表现为(　　)。

A. 出卖路权、矿权，大肆借款，并签订众多不平等条约

B. 与列强签订“善后大借款”合同，使列强控制和监督中国财政

C. 基本接受日本提出的严重损害中国权益的“二十一条”

D. 以各种手段兼并土地，对农民征收苛捐杂税

17. 袁世凯死后，北洋军阀分裂为(　　)。

A. 皖系　　B. 直系　　C. 奉系　　D. 桂系

18. 得到日本支持的军阀有(　　)。

A. 段祺瑞　　B. 冯国璋　　C. 张作霖　　D. 黎元洪

19. 孙中山将同盟会的政治纲领概括为三大主义，即民族主义、民权主义、民生主义，其中民族主义的含义是(　　)。

A. 推翻清政府
B. 排斥不同种族的人，建立汉族政权
C. 建立民族独立的国家
D. 民族平等

20. 同盟会的政治纲领是(　　)。
A. 驱除鞑虏，恢复中华　　B. 创建合众政府
C. 光复汉族，还我河山　　D. 创立民国，平均地权

21. 孙中山的“三民主义”学说(　　)。
A. 初步描绘出中国还不曾有过的资产阶级共和国方案
B. 是一个比较完整的资产阶级民主革命纲领
C. 明确地提出了反帝反封建的革命主张
D. 对推动革命的发展产生了重大而积极的影响

22. 《中华民国临时约法》第十九条规定：“参议院对于临时大总统，认为有谋叛行为时，得以总员四分之三以上之出席，出席员三分之二以上之可决弹劾之。”这一规定(　　)。
A. 根本目的在于维护共和制度
B. 具有革命性和民主性
C. 体现了权力的制约与平衡
D. 直接目的在于限制袁世凯的权力

23. 辛亥革命是(　　)。
A. 一次比较完全意义上的资产阶级民主革命
B. 中国人民为救亡图存、振兴中华而奋起革命的一个里程碑
C. 20 世纪中国第一次历史性巨变
D. 一次比较完全意义上的无产阶级民主革命

24. 革命派和改良派的论战具有重大的意义。这场论战(　　)。
A. 推动了社会主义革命　　B. 传播了民主革命思想
C. 促进了革命形势的发展　　D. 划清了革命与改良的界限

25. 历史进入 20 世纪，随着一批新兴知识分子的产生，各种宣传革命的书籍纷纷涌现，民主革命思想得到广泛传播。其代表著作有(　　)。
A. 《驳康有为论革命书》　　B. 《革命军》
C. 《警世钟》　　D. 《猛回头》

26. 湖北新军中决定联合行动，在武昌举行武装起义的革命团体是(　　)。

A. 共进会　　B. 文学社　　C. 光复会　　D. 兴中会

27. 《中华民国临时约法》的主要内容有(　　)。

A. 中华民国之主权，属于国民全体　　B. 增设国务总理，作为政府首脑

C. 中华民国国民一律平等　　D. 增设法院，行使司法权

28. 《中华民国临时约法》是(　　)。

A. 中国历史上第一部具有资产阶级共和国宪法性质的法典

B. 以根本大法的形式废除了两千年来的封建君主专制制度

C. 中国第一部具有社会主义共和国宪法性质的成文法

D. 中国第一部具有新民主主义共和国宪法性质的成文法

三、判断题

1. 辛亥革命胜利了，又失败了。　(　　)

2. 中国同盟会的政治纲领是中国近代史上第一次提出的彻底的反帝反封建的革命纲领。　(　　)

3. 辛亥革命是一次比较完全意义上的资产阶级民主革命。　(　　)

4. 《中华民国临时约法》是中国历史上第一部具有资产阶级共和国宪法性质的法典。　(　　)

5. 袁世凯的去世是造成北洋军阀迅速分裂的根本原因。　(　　)

6. 民权主义虽然强调了要建立民主共和国，但忽略了广大劳动群众在国家中的地位，因而难以使人民的民主权利得到真正保证。　(　　)

7. 中国反帝反封建的资产阶级民主革命正规说起来，是从孙中山先生开始的。　(　　)

8. 袁世凯窃夺辛亥革命的果实之后，建立了代表大地主和买办资产阶级利益的北洋军阀反动政权。　(　　)

9. 中国同盟会是中国第一个全国性的资产阶级革命政党。　(　　)

10. 辛亥革命的流产宣告了资产阶级共和国方案在中国行不通。　(　　)

11. 辛亥革命首义是广州黄花岗起义。（ ）

12. 辛亥革命的中坚力量是海外华侨。（ ）

13. 中国资产阶级民主革命是以孙中山为代表的资产阶级革命派首先发动的。（ ）

14. 中国资产阶级革命派和改良派的共同目标是要推翻清朝封建统治。（ ）

15. “三民主义”学说是一个比较完整而明确的资产阶级民主革命纲领。（ ）

16. 南京临时政府是一个资产阶级共和国性质的革命政权。（ ）

17. 辛亥革命把皇帝赶跑了，所以它完成了反封建的革命任务。（ ）

18. 清末“新政”是一场资产阶级性质的运动。（ ）

19. 清末预备立宪实际是一场骗局。（ ）

20. 1912 年 8 月，孙中山以同盟会为基础联合其他几个政党，组成国民党。（ ）

21. 国民党人的“二次革命”是辛亥革命的继续，属于资产阶级性质的革命。（ ）

22. 辛亥革命推翻了清王朝的封建统治，所以中国不再是一个封建专制的国家。（ ）

23. 辛亥革命是 20 世纪中国第一次历史性巨变。（ ）

24. 近代中国资产阶级既有反帝反封建的革命性，又有反帝反封建不彻底的软弱性和妥协性。（ ）

25. 南昌起义是辛亥革命爆发的标志。（ ）

26. 同盟会的机关报是《新民丛报》。（ ）

27. 辛亥革命是一朵不结果实的花。（ ）

28. 孙中山不愧是中国民主革命伟大的先行者，他首先喊出“振兴中华”的口号。（ ）

29. 孙中山领导的护国运动彻底粉碎了袁世凯做皇帝的美梦。（ ）

30. 中国共产党人继承和发展了孙中山的革命事业，并把它推进到了新的阶段。（　）

四、思考题

1. 革命派在论战中是如何论述革命的必要性、正义性和进步性的？
2. 为什么说孙中山领导的辛亥革命引起近代中国的历史性巨大变化？
3. 辛亥革命为什么失败？它的失败说明了什么？

第四章
开天辟地的大事变

教学目的和要求：学生了解中国先进分子对资产阶级民主主义产生怀疑的原因，了解他们在十月革命以后怎样经过比较、探求选择了马克思主义，明确十月革命的意义以及对中国的影响，深刻认识历史和人民怎样选择、为什么选择了马克思主义，深刻认识、理解历史和人民选择马克思主义是完全正确的，进一步增强接受马克思主义指导的自觉性。正确认识共产党成立的历史必然性，全面了解工人阶级政党的成立是近代中国社会发展和革命发展的客观要求，是中国历史上开天辟地的大事变；深刻领会中国共产党成立的初心和伟大意义。通过学习党成立后的革命实践和理论探索，对国民革命兴起与失败的历史过程和经验教训有比较全面的了解，增强对共产党先进性的认识，坚定跟共产党走的信念。了解“红船精神”是中国革命精神之源，其内涵是开天辟地、敢为人先的首创精神；坚定理想、百折不挠的奋斗精神；立党为公、忠诚为民的奉献精神。

教学重点：1. 新文化运动与五四运动；
2. 中国先进知识分子为何选择马克思主义；
3. 中国共产党的创建及其历史意义；
4. 中国共产党的初心和使命；
5. “红船精神”的深刻内涵。

教学难点：1. 历史和人民选择了马克思主义；
2. 中国共产党的创建是开天辟地的大事变；
3. 中国共产党的初心和使命。

一、单选题

1. 新文化运动兴起的标志是(　　)。

A. 严复翻译《天演论》

B. 胡适发表《文学改良刍议》

C. 陈独秀在上海创办《青年杂志》

D. 李大钊发表《法俄革命之比较观》

2. 早期新文化运动的性质是(　　)。

A. 资产阶级民主主义思想文化运动　B. 无产阶级思想文化运动

C. 新民主主义思想文化运动　D. 马克思主义思想文化运动

3. 新文化运动的基本口号是(　　)。

A. 提倡新文学反对旧文学　B. 提倡新道德反对旧道德

C. 民主与科学　D. 民主与法制

4. 1915 年 9 月，陈独秀在上海创办《青年杂志》。该刊发刊词宣称："盖改造青年之思想，辅导青年之修养，为本志之天职。批评时政，非其旨也。"此时陈独秀把主要注意力倾注于思想变革的原因是(　　)。（2014 年考研真题）

A. 他认为批评时政不利于改造青年思想

B. 他对资产阶级民主主义产生了怀疑

C. 他对政治问题不感兴趣

D. 他认定改造国民性是政治变革的前提

5. 宣传新文化的主要刊物是(　　)。

A. 《新青年》　B. 《共产党》

C. 《民国日报》　D. 《工人月刊》

6. 新文化运动中，在《新青年》上发表了中国第一篇白话文小说《狂人日记》的文学家是(　　)。

A. 胡适　B. 陈独秀　C. 李大钊　D. 鲁迅

7. 毛泽东在《反对党八股》中指出，前期新文化运动的领导人物"对于现状，对于历史，对于外国事物……所谓坏就是绝对的坏，一切皆坏；所谓好就是绝对的好，一切皆好"。造成这种状况的主要原因是他们(　　)。

A. 一定程度上受到封建思想的束缚　B. 脱离广大人民群众

C. 没有接受俄国十月革命的经验　D. 没有马克思主义的批判精神

8. 新文化运动对中国革命产生的最深刻的影响是(　　)。

A. 动摇了封建思想的统治地位
B. 对五四运动的爆发起了宣传作用
C. 后期传播社会主义思想，成为知识分子拯救国家改造社会的思想武器
D. 弘扬了民主和科学，推动了自然科学的发展

9. 在中国大地上，率先举起马克思主义旗帜的是(　　)。
A. 李大钊　　B. 陈独秀　　C. 鲁迅　　D. 蔡元培

10. 李大钊在《庶民的胜利》中写道：“……须知这种潮流，是只能迎，不可抗拒的。”这种潮流是指(　　)。
A. 新文化运动　　B. 社会主义革命
C. 实业救国　　D. 资产阶级民主革命

11. 五四运动的直接导火线是(　　)。
A. 俄国十月革命的胜利
B. 袁世凯接受日本提出的“二十一条”
C. 巴黎和会上中国外交的失败
D. 李大钊《法俄革命之比较观》的发表

12. 五四运动是一次真正的(　　)。
A. 群众运动　　B. 学生运动　　C. 工人运动　　D. 农民运动

13. 新民主主义革命的开端是(　　)。
A. 辛亥革命　　B. 五四运动
C. 新文化运动的兴起　　D. 中国共产党的成立

14. 新文化运动的精神领袖除李大钊以外，就是(　　)。
A. 陈独秀　　B. 毛泽东　　C. 鲁迅　　D. 李达

15. (　　)表明李大钊已经成为中国的第一个马克思主义者。
A. 《法俄革命之比较观》　　B. 《我的马克思主义观》
C. 《Bolshevism 的胜利》　　D. 《庶民的胜利》

16. 1920 年，陈独秀等人建立的中国共产党早期组织是(　　)。
A. 北京共产主义小组　　B. 长沙共产主义小组
C. 上海共产主义小组　　D. 广州共产主义小组

17. 成为中国共产党后备力量的组织是(　　)。
A. 中华全国总工会　　B. 社会主义青年团

C. 共产主义小组　　D. 职工运动委员会

18. 在下列各项中，最能说明五四运动标志着新民主主义革命开始的是(　　)。

A. 在十月革命的影响下爆发

B. 提出反帝反封建的革命口号

C. 具有初步共产主义思想的知识分子起了领导作用

D. 无产阶级成为运动的主力军

19. 下列关于俄国十月革命对中国影响的表述，正确的是(　　)。

A. 新文化运动的兴起　　B. 先进知识分子提出向俄国学习

C. 孙中山发起护法运动　　D. 《中俄声明》签订

20. 中国工人阶级以独立的姿态登上政治舞台是在(　　)时期。

A. 辛亥革命　　B. 新文化运动

C. 五四运动　　D. 国民革命运动

21. 《共产党宣言》第一个中文全译本的译者是(　　)。

A. 李大钊　　B. 陈独秀　　C. 陈望道　　D. 毛泽东

22. 1921 年 7 月出席中共一大的长沙代表是(　　)。

A. 毛泽东、何叔衡　　B. 毛泽东、李达

C. 李达、李汉俊　　D. 毛泽东、董必武

23. 中国共产党成立的标志是(　　)。

A. 马克思主义研究会的成立　　B. 中共一大的召开

C. 各地共产主义小组的建立　　D. 《中国共产党宣言》的制定

24. 1921 年 7 月，中国共产党第一次全国代表大会召开于(　　)。

A. 上海　　B. 北京　　C. 广州　　D. 武汉

25. 下列属于中共一大通过的党纲内容的是(　　)。

A. 消除内乱，打倒军阀　　B. 推翻帝国主义压迫

C. 联合第三国际　　D. 统一中国为真正的民主共和国

26. 中共一大确定党成立以后的中心任务是(　　)。

A. 发动农民进行土地革命

B. 集中精力组织工人，领导工人运动

C. 开展武装斗争夺取政权

D. 同国民党合作推动国民革命

27. 中国共产党是在特定的社会历史条件下成立的，具有自己的历史特点。以下不属于中国共产党创建的历史特点的是(　　)。

A. 一开始就是一个以马克思列宁主义理论为基础的党

B. 工人阶级具有坚定的革命性，没有社会改良主义的基础

C. 党内出身于小资产阶级的党员占有相当大的数量

D. 党成立时就提出了反帝反封建的民主革命纲领，指出了明确的斗争目标

28. 1921 年 9 月，中国共产党领导创建第一个农民协会的地点是在(　　)。

A. 广东海丰县　　B. 广东陆丰县　　C. 浙江萧山县　　D. 湖南衡山县

29. 中共二大制定民主革命纲领的依据是(　　)。

A. 中共的中心任务　　B. 中共的奋斗目标

C. 中国的社会性质和革命性质　　D. 中国无产阶级的特点

30. 中国共产党早期组织领导的第一个工会是(　　)。

A. 上海机器工会　　B. 长辛店工人俱乐部

C. 长沙工会　　D. 广州工会

31. 与中共一大相比，中共二大最重要的贡献是确定了(　　)。

A. 反帝反封建的民主革命纲领　　B. 以工人运动为中心任务

C. 民主集中制的组织原则　　D. 为共产主义奋斗的目标

32. 中国共产党成立以后，成立了(　　)，作为领导工人运动的专门机关。

A. 京汉铁路总工会　　B. 上海工商学联合会

C. 中国劳动组合书记部　　D. 省港罢工委员会纠察队

33. 中国工人运动第一次高潮的起点是(　　)。

A. 香港海员工人罢工　　B. 京汉铁路工人大罢工

C. 广州沙面工人罢工　　D. 省港工人大罢工

34. 第一次工人运动由高潮转向低潮的事件是(　　)。

A. 长辛店工人罢工　　B. 五卅惨案

C. 上海工人罢工　　D. “二七”惨案

35. 宋庆龄说：“孙中山和共产党之间具有历史意义的合作不是偶然的，它是当时的国际局势和中国本身的内部条件造成的。”这里说的“内部条件”，

主要是指(　　)。

A. 一战后，中国民族工业重新受到列强压制

B. “打倒列强，除军阀”成为全国人民的共同心愿

C. 中国共产党总结了经验教训，正在积极寻找同盟者

D. 国民党是中国各政党中比较革命的民主派

36. 中国共产党就国共合作的方针和方法做出正式决定是在(　　)会议上。

A. 中共“一大”　　B. 中共“二大”

C. 中共“三大”　　D. 中共“四大”

37. “中国现存的各政党，只有国民党是比较革命的民主派，比较是真的民主派”，这一论断的主要依据是(　　)。

A. 孙中山领导的国民党进行了不屈不挠的反封建斗争

B. 孙中山代表各阶级、各阶层的利益

C. 国民党在广东建立了革命根据地和军队

D. 国民党代表民族资产阶级和小资产阶级的利益

38. 第一次国共合作采取了共产党以个人身份加入国民党的“党内合作”方式，最早提出这种方式的是(　　)。

A. 共产国际　　B. 中国共产党　　C. 孙中山　　D. 廖仲恺

39. 民主革命者吴玉章说：“从辛亥革命起，我们为了推翻清朝而迁就袁世凯，后来为了反对北洋军阀而利用西南军阀，再后来为了抵制西南军阀，而培植陈炯明，最后陈炯明叛变了。这样看来，从前的一套革命老方法非改变不可，我们要从头做起”。这表明资产阶级革命党人要改变(　　)。

A. 革命纲领　　B. 革命依靠力量

C. 革命对象　　D. 革命方式

40. 新三民主义之所以成为第一次国共合作的政治基础，主要原因是(　　)。

A. 它与中国共产党的最高纲领一致

B. 它与中国共产党的民主革命完全一致

C. 它与中国共产党的民主革命纲领若干原则一致

D. 它适应了时代发展的潮流

41. 第一次国共合作实现的标志是(　　)。

A. 1921 年底孙中山会见共产国际代表马林

B. 1922 年陈独秀等共产党人参加改组国民党会议

C. 1923 年中共三大决定共产党员以个人身份加入国民党

D. 1924 年国民党一大召开

42. 1924 年 5 月成立的黄埔军校同一切旧式军校的根本区别在于(　　)。

A. 孙中山亲自兼任总理

B. 把政治教育提到和军事训练同等重要的地位

C. 聘请苏联红军将领为军事顾问

D. 有大批党团员和革命青年到军校学习

43. 1924—1926 年的中国国民党是一个(　　)。

A. 官僚资产阶级的政党

B. 民族资产阶级的政党

C. 工人、农民和小资产阶级的政治联盟

D. 工人、农民、城市小资产阶级和民族资产阶级的革命联盟

44. 1925 年 5 月，以(　　)为起点，国共两党掀起了全国范围的大革命浪潮。

A. 成立黄埔军校　　B. 广州国民政府成立

C. 五卅运动　　D. 北伐战争

45. “问题与主义”争论双方的主要代表人物是(　　)。

A. 李大钊与梁启超　　B. 李大钊与张东荪

C. 陈独秀与胡适　　D. 李大钊与胡适

46. 新、旧民主主义革命的根本区别是(　　)。

A. 领导阶级不同　　B. 领导方法不同

C. 所处时代不同　　D. 革命性质不同

47. 最能体现五四运动性质的口号是(　　)。

A. “还我青岛”　　B. 拒绝在和约上签字

C. 废除“二十一条”　　D. 外争国权，内惩国贼

48. 1925 年至 1927 年的国民大革命取得的最突出的成就是(　　)。

A. 促使工农运动蓬勃开展

B. 使中国共产党得到历练

C. 基本推翻了北洋军阀的统治
D. 扩大了中国共产党在群众中的影响

49. 北伐战争迅速发展的最主要原因是(　　)。
A. 工农群众的大力支持
B. 北伐将士的英勇善战
C. 直奉联合战线的瓦解
D. 国共两党团结合作和正确的北伐方针

50. 1914—1918 年的第一次世界大战，是一场空前残酷的大屠杀。它改变了世界政治的格局，也改变了帝国主义国家在中国的利益格局，对中国产生了巨大的影响。大战使中国的先进分子(　　)。(2015 年考研真题)
A. 对中国传统文化产生怀疑
B. 对西方资产阶级民主主义产生怀疑
C. 认识到工人阶级的重要作用
D. 认识到必须优先改造国民性

51. 1927 年，蒋介石在上海制造了捕杀共产党员和革命群众的(　　)。
A. 中山舰事件　　B. 整理党务案
C. "四一二"反革命政变　　D. "七一五"反革命政变

52. 第一次国共合作全面破裂，大革命最终失败的标志是(　　)。
A. 中山舰事件　　B. "四一二"反革命政变
C. "七一五"反革命政变　　D. 整理党务案事件

53. 1924—1927 年大革命性质的正确表述是(　　)。
A. 资产阶级领导的反帝反封建的资产阶级民主革命
B. 无产阶级领导的新民主主义革命
C. 中共领导的无产阶级革命
D. 革命统一战线领导的反帝反封建的民主主义革命

54. 导致国民革命失败的最主要原因是(　　)。
A. 共产国际指导上的失误　　B. 陈独秀右倾机会主义的错误
C. 反革命力量过于强大　　D. 蒋介石、汪精卫相继叛变革命

55. 辛亥革命和国民革命的失败是指(　　)。
A. 没有完成反帝反封建的任务　　B. 被反动势力篡夺了革命果实

C. 没有建立真正的资产阶级共和国　　D. 没有促进中国革命向前发展

56. 1927 年中共五大的一个文件认为：“自五卅运动起……我们党只注意了反帝反封建斗争，而忽略与资产阶级争夺领导权的斗争……这段时间本党没有正确政策”，这段话(　　)。

A. 错误批评党的统一战线政策

B. 强调反对资产阶级具有“左”的错误

C. 批评了党忽视统一战线领导权的错误

D. 贬低了反帝反军阀斗争的重要性

57. 大革命中，(　　)的工人阶级接连举行了三次武装起义。

A. 天津　　B. 武汉　　C. 广州　　D. 上海

58. 中国先进知识分子学习和接受马克思主义是在(　　)。

A. 辛亥革命之后　　B. 新文化运动之后

C. 俄国十月革命之后　　D. 五四运动之后

59. 陈独秀右倾机会主义最主要的错误是(　　)。

A. 害怕工农运动　　B. 反对土地改革

C. 放弃革命领导权　　D. 一切服从国民党

60. 大革命失败，给中国共产党最深刻的教训是(　　)。

A. 要建立巩固的工农联盟

B. 无产阶级必须要掌握革命领导权和革命武装

C. 要制定彻底的革命纲领

D. 要警惕统一战线内部的野心家

二、多选题

1. 新文化运动的基本口号是(　　)。

A. 民主　　B. 自由　　C. 科学　　D. 平等

2. 新文化运动的主要阵地有(　　)。

A. 《新青年》杂志　　B. 《时务报》

C. 《中外纪闻》　　D. 北京大学

3. 下列选项中，属于早期新文化运动主要内容的是(　　)。

A. 提倡新文学，反对旧文学

B. 提倡民主和科学，反对专制和迷信

C. 提倡民生，反对封建剥削

D. 提倡新道德，反对旧道德

4. 新文化运动中，陈独秀提出“德先生”和“赛先生”口号的进步意义体现在(　　)。

A. 反对封建专制统治

B. 敢于向两千年来神圣不可侵犯的封建礼教进行自觉挑战

C. 反对愚昧，促进科学事业的发展

D. 促进中国的富强

5. 十月革命推动中国的先进知识分子从资产阶级民主主义转向社会主义的原因是(　　)。

A. 十月革命启示中国人在经济文化落后的国家也可以用社会主义指引自己走向解放之路

B. 十月革命后，苏维埃俄国号召反对帝国主义，以新的平等姿态对待中国，推动了社会主义思想在中国的传播

C. 十月革命中，工人和士兵的广泛发动并由此取得胜利的事实昭示中国先进知识分子以新的方法开展革命

D. 十月革命一声炮响，给我们送来了马克思列宁主义

6. 新文化运动中，宣传十月革命和马克思主义的著作有(　　)。

A. 《法俄革命之比较观》

B. 《我的马克思主义观》

C. 《庶民的胜利》

D. 《Bolshevism 的胜利》

7. 1915 年 9 月，陈独秀在上海创办《青年杂志》（后改名《新青年》），吹响了新文化运动的号角。新文化运动高举民主和科学两面大旗，向封建主义思想文化发起了前所未有的猛烈冲击。新文化运动的历史意义表现在它(　　)。(2016 年真题)

A. 彻底否定了孔学的历史作用

B. 在社会上掀起了一股思想解放的潮流

C. 为马克思主义在中国的传播创造了有利条件

D. 是中国历史上一次前所未有的启蒙运动

8. 1919 年爆发的五四运动是在新的社会历史条件下发生的，它具有的历

史特点是(　　)。

A. 反帝反封建的彻底性

B. 促进了马克思主义在中国的传播

C. 真正的群众运动

D. 促进了马克思主义与中国工人运动的结合

9. 五四运动的参加者主要有(　　)。

A. 青年学生　　B. 工人阶级　　C. 小资产阶级　　D. 资产阶级

10. 五四运动与以往的民主主义革命的显著区别是(　　)。

A. 促进了马克思主义在中国的传播及其与中国工人运动的结合

B. 有广泛的群众基础

C. 工人阶级发挥了主力军作用

D. 在俄国十月革命的影响下发生

11. 五四运动中，北洋政府罢免的亲日派官僚是(　　)。

A. 曹汝霖　　B. 段祺瑞　　C. 章宗祥　　D. 陆宗舆

12. 下列说明五四运动是中国新民主主义革命开端的是(　　)。

A. 发生在俄国十月社会主义革命之后，属于世界无产阶级革命一部分

B. 无产阶级以独立政治力量登上历史舞台

C. 是反帝反封建的群众运动

D. 具有初步共产主义思想的知识分子起了领导作用

13. 新文化运动的发展逐渐分成了两个潮流，包括(　　)。

A. 一部分人继承了新文化运动的科学和民主精神，并在马克思主义基础上加以改造

B. 一部分人继承了中国传统文化

C. 一部分人发展了孙中山的三民主义

D. 一部分人则沿着资产阶级的道路继续走下去了，胡适是其代表

14. 中国早期信仰马克思主义人物的三种主要类型是(　　)。

A. 五四运动之前的新文化运动的精神领袖

B. 五四爱国运动的左翼骨干

C. 一部分原中国同盟会会员

D. 中国产业工人中的骨干分子

15. 中国共产党的早期组织在促进马克思主义和中国工人运动结合过程中创办的刊物，各地共产党的早期组织创办了专门供工人阅读的马克思主义启蒙教育的刊物有(　　)。

A. 《劳动界》　　B. 《劳动音》

C. 《工人月刊》　　D. 《济南劳动月刊》

16. 中国早期马克思主义思想运动的特点是(　　)。

A. 重视对马克思主义基本理论的学习

B. 明确地同第二国际的社会民主主义划清界限

C. 注意从中国实际出发，学习、运用马克思主义的理论

D. 开始提出知识分子应当同劳动群众相结合的思想

17. 中国共产党早期的组织活动有(　　)。

A. 研究和宣传马克思主义

B. 到工人中开展宣传和组织工作

C. 进行关于建党问题的讨论和实际组织工作

D. 组织军队和进行议会斗争

18. 1921 年 7 月召开的中国共产党第一次全国代表大会的主要内容有(　　)。

A. 确定党的名称为中国共产党，提出了党的纲领

B. 决定要特别注意组织工人，以共产主义精神教育他们

C. 选举产生了由陈独秀、张国焘、李达组成的党的领导机构

D. 正式宣告了中国共产党的成立

19. 1922 年 7 月召开的中国共产党第二次全国代表大会的主要内容有(　　)。

A. 科学地阐明了中国社会的半殖民地半封建性质

B. 提出了反帝反封建的民主革命的纲领

C. 党的最高纲领是实现社会主义、共产主义

D. 当前阶段的纲领是“打倒军阀，推翻国际帝国主义的压迫，统一中国为真正的民主共和国”

20. 中共一大标志中国共产党成立，使得“中国革命的面貌焕然一新”，其“新”主要表现在(　　)。

A. 提出了彻底的反帝反封建纲领　　B. 以马克思主义为指导

C. 以社会主义、共产主义为远大目标　D. 采取群众路线的方法

21. 1925—1927 年的大革命规模宏伟、内涵丰富，与辛亥革命相比，其不同点在于(　　)。(2013 年考研真题)

A. 它广泛而深刻地发动了工农群众

B. 它的主要斗争形式是武装斗争

C. 它的革命对象是帝国主义和封建军阀

D. 它是在以国共合作为基础的统一战线的组织下进行的

22. 第一次国共合作得以实现的条件有(　　)。

A. 中国共产党需要团结各种力量作为革命同盟军

B. 中国国民党在当时各政党中“比较是革命的民主派”

C. 共产国际提出了实行国共合作的建议

D. “打倒列强除军阀”成为全国人民的共同愿望

23. 国民党一大确定的三大革命政策是(　　)。

A. 联俄　　B. 联共

C. 打倒列强除军阀　　D. 扶助农工

24. 国民党第一次全国代表大会对三民主义做出的新解释有(　　)。

A. 在民族主义中突出了“反帝”的内容，强调对外实行中华民族的独立

B. 主张国内各民族一律平等

C. 在民权主义中强调了民主权利应“为一般平民所共有”，不应为“少数人所得而私”

D. 在民生主义中则提出了“平均地权”和“节制资本”两大原则

25. 北伐战争的主要对象是(　　)。

A. 段祺瑞　　B. 吴佩孚　　C. 张作霖　　D. 孙传芳

26. 随着北伐的胜利进军，中国形成了历史上空前广大的人民解放运动有(　　)。

A. 以湖南为中心，广大农村掀起了大革命的风暴

B. 工人运动迅速走向高涨

C. 国民政府进行了收回汉口、九江的英租界的斗争

D. 上海工人举行了三次武装起义

27. 关于“新三民主义”，下列说法正确的有(　　)。

A. 提出民主权利应“为一般平民所共有”

B. 在民族主义中增加了反帝的内容

C. 提出要改善工农的生活状况

D. 与中共在民主革命阶段的纲领基本一致

28. 国民革命与近代前期的资产阶级民主革命相比，其突出的新特点是(　　)。

A. 以国共合作为基础　　B. 采取武装斗争的形式

C. 群众基础扩大　　D. 反帝反封建相结合

29. 大革命失败的原因是(　　)。

A. 反革命力量过于强大

B. 蒋介石集团和汪精卫集团先后叛变革命

C. 资产阶级发生严重的动摇、统一战线出现剧烈的分化

D. 中共在大革命后期犯了以陈独秀为代表的右倾机会主义错误

三、判断题

1. 新文化运动是新民主主义性质的运动。(　　)

2. 新文化运动在宣传民主、科学的同时，提出必须反对封建的伦理道德。(　　)

3. 新文化运动因批判孔学而否定中国传统文化。(　　)

4. 新文化运动的倡导者批判孔学，是为了指明它在根本上已经不适合现代生活，是为了反对孔学对人们的思想禁锢，是为了动摇孔学绝对权威的地位，从而使人们敢于冲破封建思想的牢笼，独立思考，以求得“真实合理的信仰”。(　　)

5. 十月革命给予中国人的一个启示是：经济文化落后的国家不可以用社会主义思想指引自己走向解放之路。(　　)

6. 十月革命推动中国先进分子从资产阶级民主主义转向社会主义。(　　)

7. 新文化运动是资产阶级民主主义新文化反对封建主义旧文化的斗争。(　　)

8. 五四运动的直接导火线是北洋军阀政府的黑暗统治。（　）

9. 新文化运动对资本主义持完全接受的态度。（　）

10. 工人阶级、小资产阶级和资产阶级从五四运动一开始就参加了这场革命运动。（　）

11. 五四运动标志着中国旧民主主义革命的开端。（　）

12. 第一个在中国比较系统地阐述马克思主义唯物史观、政治经济学和科学社会主义基本原理的作者和作品是李大钊的《我的马克思主义观》。（　）

13. 《共产党宣言》第一个中文本的译者是陈独秀。（　）

14. 从 1919 年五四运动到 1949 年新中国成立以前这个时期，中国的社会性质仍然是半殖民地半封建社会。（　）

15. 1919 年 7 月发表《多研究些问题，少谈些主义》文章的资产阶级改良主义的代表是梁启超。（　）

16. 在工人阶级政党产生以前，中国国民党及其前身在中国革命中起领导作用。（　）

17. 五四运动促进了马克思主义在中国的传播及其与中国工人运动的结合。（　）

18. 中国早期信仰马克思主义的人物主要有三种类型：一是新文化运动的精神领袖；二是五四爱国运动的左翼骨干；三是一部分原中国同盟会会员、辛亥革命时期的活动家。（　）

19. 中国共产党刚成立时，其主体是知识分子。（　）

20. 中国工人阶级政党最早的组织是在敌人统治力量薄弱的农村建立的。（　）

21. 从 1922 年 1 月香港海员罢工到 1923 年 2 月京汉铁路工人罢工，中国掀起了第一个工人运动的高潮。（　）

22. 在 1925 年至 1927 年中国反帝反封建的革命中，中国共产党起着独特的、不可代替的作用。没有中国共产党，就不会有这场大革命。（　）

23. 中国共产党一开始就是一个以马克思列宁主义理论为基础的党。（　）

24. 中共一大制定了民主革命纲领。（　）

25. 第一次国共合作正式形成的标志是中共二大的召开，合作的政治基础是讨伐北洋军阀。（　）

26. 中国共产党与中国国民党实行“党内合作”，是指共产党员、青年团员以个人身份加入国民党，把国民党改组成为各革命阶级联盟的主张。（　）

27. 中国人民的斗争之所以屡遭挫折和失败，重要原因之一，是由于没有一个先进的坚强政党作为凝聚自己力量的领导核心。自从有了中国共产党，这种局面就根本改变了。（　）

28. 大革命是在反对帝国主义、反对军阀的政治口号下进行的，而提出这个口号的是中国共产党。（　）

29. 中国共产党是第一次国共合作的倡导者和统一战线的领导者。（　）

30. 第一次国内革命战争失败的最深刻的教训是无产阶级必须警惕统一战线内部的野心家。（　）

四、思考题

1. 中国的先进分子为什么选择马克思主义？

2. 为什么说中国共产党的成立是“开天辟地的大事变”？

3. 什么是中国共产党人的初心和使命？为什么必须“不忘初心，牢记使命”？

第五章
中国革命的新道路

教学目的和要求：通过本章内容的学习，学生认清南京国民政府的统治实质，准确把握中国共产党领导的新民主主义革命的正当性、必要性与进步性，全面了解以毛泽东为代表的中国共产党人坚持一切从实际出发，探索和开辟中国革命新道路的艰辛历史进程和伟大历史意义。通过本章内容的学习，学生能够感受到共产党人和红军战士在长征中表现出来的英雄气概，着重体会井冈山精神、长征精神，自觉吸取成长成才的精神力量，坚定共产主义理想和信念。

教学重点：1. 国民革命失败后，国民党建立的南京国民政府的性质；

2. 开辟中国革命新道路的历史必然性与重大历史意义；

3. 伟大的长征及长征精神（重点引导大学生了解长征精神的时代价值）。

教学难点：1. 中国革命新道路开辟的艰难曲折；

2. 中国共产党人在实践、理论上探索出了一条和苏联不一样的革命新道路；

3. 科学引导学生把握土地革命战争的主题和主线，增强对于革命精神的认同感。

一、单选题

1. 1928 年蒋介石在南京建立的国民党政权的性质是(　　)。

A. 地主阶级政权　　B. 官僚资产阶级政权

C. 资产阶级政权　　D. 大地主大资产阶级政权

2. 1928 年 12 月，宣布东北三省“遵守三民主义，服从国民政府，改易旗帜”的是(　　)。

A. 张作霖　　B. 郭松龄　　C. 张学良　　D. 张作相

3. 国民党在全国范围内建立了自己的统治的标志是(　　)。

A. 南京国民政府改组　　B. 张学良“东北易帜”

C. 宁汉合流　　D. 《训政纲领》的通过

4. 1927 年国民革命失败后，中国社会的性质是(　　)。

A. 封建社会　　B. 资本主义社会

C. 半封建半殖民地社会　　D. 新民主主义社会

5. 中国官僚资本垄断全国的经济命脉是在(　　)。

A. 洋务运动时期　　B. 袁世凯统治时期

C. 段祺瑞统治时期　　D. 国民党统治时期

6. 1927 年国民党在全国建立的统治是代表(　　)的一党专政和军事独裁统治。

A. 帝国主义在华利益

B. 中国资产阶级利益

C. 中国地主阶级利益

D. 中国地主阶级和买办性的大资产阶级利益

7. 从大革命失败到土地革命战争兴起的转折点是(　　)。

A. 遵义会议　　B. 瓦窟堡会议　　C. 八七会议　　D. 中共六大

8. 在大革命失败的危急关头，中共八七会议确定的总方针是(　　)。

A. 反对右倾投降主义

B. 开辟农村革命根据地

C. 土地革命和武装反抗国民党反动统治

D. 建立工农民主统一战线

9. 毛泽东在 1927 年中共八七会议上提出的著名论断是(　　)。

A. 没有调查，没有发言权　　B. 枪杆子里面出政权

C. 兵民是胜利之本　　D. 一切反动派都是纸老虎

10. 中国共产党独立领导革命战争，创建人民军队和武装夺取政权的伟大开端是党领导了(　　)。

A. 南昌起义　　B. 秋收起义　　C. 广州起义　　D. 五卅运动

11. 打响武装反抗国民党反动派第一枪的是(　　)。

A. 秋收起义　　B. 上海工人武装起义

C. 南昌起义　　D. 武昌起义

12. 1927 年 9 月 9 日，毛泽东领导的著名起义是(　　)。

A. 湘赣边界秋收起义　　B. 赣南秋收起义

C. 湘南秋收起义　　D. 广州起义

13. 八七会议前后，中共发动的几次大规模武装起义均以夺取大城市为目标，这表明当时(　　)。

A. 我党在城市拥有相对强大的革命力量

B. 敌人在某些大城市力量不足

C. 我党的革命道路脱离中国实际

D. 我党尚未充分认识到农民是革命的动力

14. “军叫工农革命，旗号镰刀斧头。匡庐一带不停留，要向潇湘直进。地主重重压迫，农民个个同仇。秋收时节暮云愁，霹雳一声暴动。”毛泽东这首词赞颂的是(　　)。

A. 上海工人起义　B. 秋收起义　C. 南昌起义　D. 广州起义

15. 1927 年 10 月，毛泽东率领秋收起义部队创建的农村革命根据地是(　　)。

A. 井冈山革命根据地　　B. 湘鄂西革命根据地

C. 闽浙赣革命根据地　　D. 左右江革命根据地

16. 井冈山革命根据地的建立与巩固(　　)。

A. 是中国共产党独立领导武装斗争的开端

B. 是土地革命战争开始的标志

C. 开辟了农村包围城市、武装夺取政权的道路

D. 确立了党对军队的绝对领导

17. 井冈山时期，毛泽东提出红色政权存在与发展必须坚持(　　)。

A. 武装斗争、土地革命、根据地建设

B. 党的建设、武装斗争、土地革命

C. 党的建设、武装斗争、统一战线

D. 武装斗争、土地革命、统一战线

18. 国民革命失败后，以毛泽东为代表的中国共产党人逐步将革命的重

心(　　)。

A. 由乡村转移到城市　　B. 由城市转移到乡村

C. 由大城市转移到小城市　　D. 由南方转移到北方

19. 1927 年大革命失败后，党的工作重心开始转向农村，在农村建立革命根据地，那么革命根据地能够在中国长期存在和发展的根本原因是(　　)。

A. 中国是一个政治、经济、文化皆发展不平衡的半殖民地半封建社会

B. 良好的群众基础和革命形势的继续向前发展

C. 相当力量正式红军的存在

D. 党的领导及其正确的政策

20. 大革命失败后，中国革命能够坚持和发展的根本原因是(　　)。

A. 肃清右倾投降主义路线

B. 中国共产党依靠和领导农民进行土地革命

C. 纠正“左”倾军事冒险计划

D. 建立革命根据地

21. 中国共产党从南昌起义、秋收起义和广州起义中，得出的最重要的教训是(　　)。

A. 必须建立一支新型的人民军队

B. 必须武装反抗国民党反动派

C. 必须建立工农革命政权

D. 必须把党的工作重心由城市转向农村

22. 1928 年 12 月，毛泽东主持制定的中国共产党历史上第一个土地法是(　　)。

A. 《井冈山土地法》

B. 《关于清算、减租及土地问题的指示》

C. 《兴国土地法》

D. 《中国土地法大纲》

23. 1929 年 4 月制定的《兴国土地法》对《井冈山土地法》的一个原则性纠正是(　　)。

A. 改土地归工农民主政府所有为归农民自己所有

B. 改没收一切土地为没收一切公共土地及地主阶级的土地

C. 改按人口平分土地为按劳动力分配土地

D. 改“抽多补少”为“抽肥补瘦”

24. 从1927年到1930年上半年，中国共产党领导的农村革命根据地和红军队伍得到了迅速发展，其根本措施是(　　)。

A. 肃清右倾投降主义路线

B. 工农武装割据波浪式推向全国

C. 纠正“左”倾军事冒险计划

D. 开展“打土豪，分田地”的土地革命

25. 第二次国内革命战争时期，中国共产党领导的土地革命取得胜利的根本保证是(　　)。

A. 制定了正确的土地革命路线　　B. 调动了一切反封建的因素

C. 得到了广大农民的拥护　　D. 消灭了土地私有制

26. 在第二次国内革命战争时期，中国共产党领导下的土地革命(　　)。

A. 实行地主减租减息，农民交租交息的政策

B. 变封建的土地所有制为人民的土地所有制

C. 实行耕者有其田的土地政策

D. 变半封建的土地所有制为农民的土地所有制

27. 20世纪30年代初，中国共产党在土地革命中建立起来的农村土地所有制实质上是(　　)。

A. 初步社会主义性质的所有制关系　　B. 劳动农民的集中土地公有制

C. 苏维埃政权的土地公有制　　D. 劳动农民个体土地所有制

28. 下列土地政策符合1931年毛泽东制定的土地革命路线的是(　　)。

A. 一切私有土地完全归组织或苏维埃国家的劳动平民所公有

B. 农民分得的土地不得转让买卖

C. 没收公共土地及地主阶级土地分配给农民所有

D. 没收富农土地，归苏维埃国家所有

29. 1931年毛泽东制定的土地革命路线中，对富农的政策是(　　)。

A. 打倒富农　　B. 联合富农　　C. 限制富农　　D. 保护富农

30. 1930年1月，毛泽东进一步从理论上阐述农村包围城市、武装夺取政权理论的文章是(　　)。

A. 《中国的红色政权为什么能够存在?》

B.《星星之火，可以燎原》

C.《井冈山的斗争》

D.《中国革命战争的战略问题》

31. 1930 年 1 月，毛泽东论述中国革命“以乡村为中心”思想的著作是(　　)。

A.《井冈山的斗争》　　B.《星星之火，可以燎原》

C.《反对本本主义》　　D.《中国革命和中国共产党》

32. 毛泽东提出“工农武装割据”思想的著作是(　　)。

A.《中国革命战争的战略问题》

B.《星星之火，可以燎原》

C.《中国的红色政权为什么能够存在?》

D.《反对本本主义》

33. 毛泽东提出“中国革命斗争的胜利要靠中国同志了解中国情况”的文章是(　　)。

A.《中国的红色政权为什么能够存在?》

B.《井冈山的斗争》

C.《星星之火，可以燎原》

D.《反对本本主义》

34. 1930 年 5 月，毛泽东写了(　　)一文，阐明了坚持实事求是、坚持理论与实际结合的原则的极端重要性，为中国共产党正确解决中国式的武装夺取政权的道路问题奠定了思想基础。

A.《中国革命和中国共产党》

B.《中国革命战争的战略问题》

C.《反对本本主义》

D.《中国的红色政权为什么能够存在?》

35. 确立中国共产党对军队的绝对领导的是(　　)。

A. 南昌起义　　B. 秋收起义　　C. 三湾改编　　D. 古田会议

36. 中国革命的主要形式是(　　)。

A. 议会斗争　　B. 群众斗争　　C. 地下斗争　　D. 武装斗争

37. 国民党四大家族官僚资本的性质是(　　)。

A. 私人垄断资本主义

B. 封建的买办的国家垄断资本主义

C. 私人资本主义

D. 国家资本主义

38. 国民党在全国的统治建立后，官僚资本的垄断活动首先主要是从(　　)。

A. 重工业方面开始的

B. 商业方面开始的

C. 轻工业方面开始的

D. 金融业方面开始的

39. 中国共产党认识和把握中国革命发展的客观规律，最终要靠(　　)。

A. 马克思列宁主义基本原理与中国实际相结合

B. 马克思主义著作

C. 听从共产国际指挥

D. 照搬苏联经验

40. 中国民主革命的基本问题是(　　)。

A. 武装斗争问题

B. 党的建设问题

C. 农民问题

D. 统一战线问题

41. 1929 年 12 月下旬，红四军党的第九次代表大会在福建上杭县古田村召开，会议总结了红军创立以来的经验，通过了著名的《古田会议决议》。其中心思想是(　　)。(2015 年真题)

A. 中国共产党必须服从共产国际的领导

B. 武装斗争是中国革命的主要形式

C. 在农村根据地广泛开展土地革命

D. 用无产阶级思想进行军队和党的建设

42. 1930 年 1 月，毛泽东在《星星之火，可以燎原》一文中写道："我所说的中国革命高潮快要到来，绝不是如有些人所谓'有到来之可能'那样完全没有行动意义的、可望而不可即的一种空的东西。他是站在海岸遥望海中已经看得见桅杆尖头了的一只航船，它是立高山之巅远看东方已见光芒四射喷薄欲出的一轮朝日，它是躁动于母腹中的快要成熟了的一个婴儿。"这段话是针对当时党和红军中存在的(　　)。(2014 年真题)

A. "在全国范围内先争取群众后建立政权"的理论

B. "御敌于国门之外"的主张

C. “红旗到底打得多久”的疑问
D. “一省或数省首先胜利”的设想

43. 1931 年 11 月，中共在江西瑞金成立的红色政权名称是(　　)。
A. 中华苏维埃共和国临时中央政府　B. 中华民主共和国临时中央政府
C. 人民共和国临时中央政府　D. 工农共和国临时中央政府

44. 1931 年 11 月在江西瑞金召开的重要会议是(　　)。
A. 中共六届四中全会　B. 红四军第九次党代表大会
C. 中华苏维埃第一次全国代表大会　D. 中共六届六中全会

45. 1930—1931 年，在红一方面军三次反“围剿”斗争胜利的基础上形成了(　　)。
A. 鄂豫皖革命根据地　B. 左右江革命根据地
C. 湘鄂西革命根据地　D. 中央革命根据地

46. 1931 年 1 月至 1935 年 1 月，中国共产党内出现的主要错误倾向是(　　)。
A. “左”倾盲动主义　B. “左”倾教条主义
C. 右倾保守主义　D. 右倾投降主义

47. 第五次反“围剿”的失败充分证明了(　　)。
A. 良好的群众基础是红色政权存在的重要条件
B. 全国的革命形势对红色政权的影响巨大
C. 相当力量的正式红军的存在，是造成工农武装割据的重要条件
D. 中国共产党的正确领导是红色政权存在的最重要条件

48. “红军不怕远征难，万水千山只等闲。”当年工农红军“远征”的直接原因是(　　)。
A. 把革命火种播撒到西部，扩大革命根据地
B. 中共认识到北上抗日的重要性
C. “避其主力，打其虚弱”，集中优势兵力歼灭敌人
D. 第五次反围剿失利，被迫实行战略转移

49. 陈独秀右倾机会主义和王明“左”倾教条主义错误都给中国革命带来了严重危害。这两次错误路线产生的根源在于(　　)。
A. 共产国际错误指导

B. 错误领导人排挤毛泽东

C. 中共处于幼年时期，理论思想尚不成熟

D. 国民党分化破坏活动

50. 下列关于遵义会议的表述，不正确的是(　　)。

A. 事实上确立了以毛泽东为核心的正确领导

B. 彻底清算了王明“左”倾路线

C. 在危急的情况下挽救了党和红军

D. 取消了李德的军事最高指挥权

51. 遵义会议成为中国共产党从幼稚走向成熟的标志，主要是因为(　　)。

A. 纠正了博古等人的“左”倾错误

B. 在事实上确立了毛泽东的正确领导

C. 肯定了毛泽东的正确军事主张

D. 独立运用马克思主义原理妥善处理自身问题

52. 长征三大红军主力胜利会师是指(　　)。

A. 红一方面军、红二方面军、红三方面军

B. 红一方面军、红二方面军、红四方面军

C. 红一方面军、红三方面军、红四方面军

D. 红二方面军、红三方面军、红四方面军

53. 1936 年 10 月，中国工农红军第一、二、四方面军胜利会师于(　　)。

A. 陕北保安地区　　B. 陕北洛川地区

C. 陕北瓦窑堡地区　　D. 甘肃会宁、静宁地区

54. 从规模和次数来看，第二次国内革命战争时期的工人运动不如第一次国内革命战争时期，其主要原因是(　　)。

A. 中共斗争策略的改变　　B. 城市里的反动势力过于强大

C. 王明“左”倾错误的影响　　D. 产业工人的队伍没有壮大

55. 20 世纪 30 年代，中国共产党内最早提出反对教条主义错误的领导人是(　　)。

A. 毛泽东　　B. 刘少奇　　C. 周恩来　　D. 张闻天

56. 下列会议结束了王明“左”倾教条主义在党中央的统治的是(　　)。

A. 瓦窑堡会议　　B. 遵义会议
C. 中共六大　　D. 晋绥干部会议

57. 从南昌起义、秋收起义、广州起义中，我们得出的深刻教训是(　　)。

A. 必须武装反抗国民党反动派　　B. 必须建立党对军队的绝对领导
C. 必须建立新型的人民军队　　D. 走适合中国国情的革命道路

58. 中国共产党之所以能开创出以农村包围城市的中国革命道路，主要取决于(　　)。

A. 中国农民人口多　　B. 中国革命的发展趋势
C. 中国的国情和当时的形势　　D. 敌人在农村力量薄弱

59. 土地革命战争时期，中国共产党最伟大的历史贡献是(　　)。

A. 发动和领导了著名的秋收起义
B. 开辟了农村包围城市、武装夺取政权的道路
C. 领导中国人民推翻了三座大山
D. 推动了抗日民族统一战线的建立

60. 1935 年 12 月，毛泽东作了(　　)的报告，系统地解决了党的政治路线上的问题。

A. 《反对本本主义》　　B. 《论反对日本帝国主义的策略》
C. 《中国革命战争的战略问题》　　D. 《矛盾论》

二、多选题

1. 国民党政府大力推行一党专政的军事独裁统治，不断强化其反动国家机器，其手段主要有(　　)。

A. 建立常备武装　　B. 加强特务统治
C. 推行保甲制度　　D. 厉行文化专制主义

2. 周恩来说：“革命靠军阀的部队是靠不住的，我们必须建立自己的武装来打倒反革命。现在，我们起义成功了。这里的军队归共产党领导。”这表明中国共产党(　　)。

A. 明确了掌握军队、开展武装斗争的重要性
B. 创建了工农革命军

C. 已开展土地革命，武装反抗国民党反动派

D. 确立了党对军队的领导地位

3. 1927 年 7 月中旬，中共中央临时政治局常委会决定了以下三件大事(　　)。

A. 将党所掌握和影响的军队向南昌集中，准备起义

B. 组织湘鄂赣粤四省农民，准备在秋收季节举行暴动

C. 召集中央会议，讨论和决定新时期的方针政策

D. 纠正陈独秀的右倾机会主义错误

4. 中国共产党在 1927 年领导的著名武装起义有(　　)。

A. 南昌起义　　B. 秋收起义　　C. 百色起义　　D. 广州起义

5. 1927 年 8 月 7 日，中共中央在汉口秘密召开紧急会议即八七会议，做出了如下决定(　　)。

A. 彻底清算了陈独秀的右倾机会主义错误

B. 清算了党内存在的“左”的错误

C. 选出了以瞿秋白为书记的中央临时政治局

D. 确定了土地革命和武装反抗国民党反动统治的总方针

6. 下面属于“八七会议”精神的有(　　)。

A. 彻底清算了大革命后期陈独秀的右倾机会主义错误

B. 确定了土地革命和武装反抗国民党反动统治的总方针

C. 毛泽东提出“政权是由枪杆子中取得的”著名论断

D. 开始了从大革命失败到土地革命战争兴起的转折

7. 土地革命战争时期，中国的红色政权能够存在与发展的条件有(　　)。

A. 半殖民地半封建社会的政治经济发展不平衡

B. 全国革命形势继续向前发展

C. 相当力量的正式红军的存在

D. 共产党组织的坚强有力和政策的正确

8. 毛泽东在《星星之火，可以燎原》一文中阐述的主要内容是(　　)。

A. 提出了“工农武装割据”的思想

B. 批评了“城市中心论”的思想

C. 提出了红色政权巩固和扩大的路线

D. 强调了坚持农村根据地建设的意义

9. 武装斗争、土地革命、根据地建设在“工农武装割据”中各自的地位是(　　)。

A. 武装斗争是主要形式

B. 土地革命是基本内容

C. 根据地是开展武装斗争和土地革命的战略依托

D. 以建立和扩大根据地为中心工作

10. 1930 年 5 月，毛泽东撰写的《反对本本主义》，提出的重要思想包括(　　)。

A. 马克思主义的“本本”是要学习的，但是必须同中国的实际情况相结合

B. 没有调查，就没有发言权

C. 必须坚持辩证唯物主义的思想路线

D. 中国革命斗争要靠中国同志了解中国情况

11. 毛泽东从 1928 年到 1930 年提出并阐述了农村包围城市、武装夺取政权道路理论的主要文章，或标志毛泽东思想初步形成的著作主要有(　　)。

A. 《中国的红色政权为什么能够存在?》 B. 《井冈山的斗争》

C. 《星星之火，可以燎原》 D. 《反对本本主义》

12. 把民主革命和社会主义革命“毕其功于一役”的错误在于(　　)。

A. 混淆了民主革命和社会主义革命的不同性质

B. 割裂了民主革命和社会主义革命的联系

C. 忽视了民主革命和社会主义革命的区别

D. 混淆了民族矛盾和阶级矛盾的区别

13. 毛泽东指出：“如果不帮助农民推翻封建地主阶级，就不能组成中国革命最强大的队伍而推翻帝国主义的统治。”其实质含义是(　　)。

A. 农民阶级反帝反封建的态度最坚决

B. 农民是中国革命最可靠的同盟军

C. 农民阶级是中国革命的领导阶级

D. 没有农民阶级参加，中国革命就不能取胜

14. 井冈山革命根据地的创建具有深远的意义，表现在(　　)。

A. 点燃了“工农武装割据”的星星之火

B. 为共产党领导的其他各地的起义武装树立了榜样

C. 开辟了在敌我力量悬殊的情况下共产党深入农村保持和发展力量的正确道路

D. 动摇了国民党反动派的统治基础

15. 1930 年 10 月到 1931 年 7 月，红军连续粉碎敌人三次“围剿”的原因是(　　)。

A. 赣南、闽西根据地连成一片

B. 土地革命在根据地的开展

C. 贯彻了积极防御的方针

D. 实行“诱敌深入”“避敌主力、打其虚弱”等一整套战术

16. 1927 年大革命失败的危急时刻，毅然加入中国共产党队伍的有(　　)。

A. 徐特立　　B. 郭沫若　　C. 周恩来　　D. 贺龙

17. 从 1927 年 7 月大革命失败到 1935 年 1 月遵义会议召开之前，“左”倾错误先后三次在党中央的领导机关取得了统治地位，即(　　)。

A. 陈独秀的“左”倾机会主义

B. 以瞿秋白为代表的“左”倾盲动主义

C. 以王明为代表的“左”倾教条主义

D. 以李立三为代表的“左”倾冒险主义

18. 1931 年 1 月至 1935 年 1 月，以王明为代表的“左”倾错误给中国革命带来严重危害，其主要错误有(　　)。(2013 年真题)

A. 提出坚决打击富农和“地主不分田，富农分坏田”的主张

B. 集中力量攻打大城市

C. 将反帝反封建与反资产阶级并列

D. 主张“一切经过统一战线”

19. 20 世纪 30 年代前期，中国共产党屡次出现严重的“左”倾错误，主要原因在于(　　)。

A. 八七会议以后党内一直存在着的浓厚的“左”倾情绪始终没有得到认真清理

B. 不善于把马克思列宁主义和中国实际全面地、正确地结合起来

C. 在党内斗争和组织问题上，推行宗派主义和“残酷斗争，无情打击”

的方针

D. 共产国际对中国共产党内部事务错误干预和瞎指挥

20. 陈独秀右倾机会主义和王明“左”倾教条主义错误产生的共同原因是(　　)。

A. 共产国际的错误指导

B. 对革命急于求成

C. 中国共产党不够成熟，缺乏理论修养和实践经验

D. 主观主义

21. 1935 年 1 月，中共中央政治局在贵州遵义召开了遵义会议，这次会议解决了当时最迫切的(　　)。

A. 思想问题　　B. 军事问题　　C. 组织问题　　D. 政治问题

22. 1935 年 1 月 15 日至 17 日，中共中央政治局在黔北重镇遵义召开了扩大会议（史称“遵义会议”），会议作出了一系列重大决定。以下关于“遵义会议”表述正确的是(　　)。

A. 会议集中解决了当时具有决定意义的军事问题和组织问题

B. 会议的一系列重大决策是在共产国际的指导下做出的

C. 是党的历史上一次生死攸关的转折点

D. 标志着中国共产党在政治上开始走向成熟

23. 遵义会议后，中共中央政治局成立了三人军事指挥小组，其成员是(　　)。

A. 毛泽东　　B. 周恩来　　C. 张闻天　　D. 王稼祥

24. 八七会议与遵义会议的相同点是(　　)。

A. 会议从政治上、军事上、思想上全力纠正了错误

B. 在危急关头挽救了党

C. 毛泽东都参加了会议并提出正确主张

D. 中国共产党独立自主解决自己问题的开始

25. 1936 年 10 月，在甘肃会宁、静宁将台堡胜利会师的红军三大主力是(　　)。

A. 红一方面军　　B. 红二方面军　　C. 红十五军团　　D. 红四方面军

26. 农村包围城市、武装夺取政权这条革命新道路的开辟(　　)。

A. 是1927年以后中国革命发展的客观规律所要求的

B. 依靠党和人民的集体奋斗，凝聚了党和人民的集体智慧

C. 毛泽东是其中的杰出代表

D. 结合了当时的实际情况

27. 中国工农红军“长征”的胜利是(　　)。

A. 革命英雄主义的胜利　　B. 革命乐观主义的胜利

C. 艰苦奋斗革命精神的胜利　　D. 毛泽东正确思想的胜利

28. 红军长征铸就了伟大的长征精神，长征精神就是(　　)。

A. 坚定革命的理想和信念，坚信正义事业必然胜利的精神

B. 为了救国救民，不怕艰难险阻、不惜牺牲一切的精神

C. 紧紧依靠人民群众，同人民群众生死相依、患难与共、艰苦奋斗的精神

D. 坚持独立自主、实事求是，一切从实际出发；顾全大局、严守纪律、紧密团结的精神

29. 从1927年10月到1930年1月，毛泽东在总结井冈山和其他革命根据地实践经验的基础上，先后撰写了(　　)等著作，从理论上对中国革命的一些基本问题作了深刻论述，标志着农村包围城市的革命道路理论的基本形成。

A.《星星之火，可以燎原》

B.《论持久战》

C.《中国的红色政权为什么能够存在?》

D.《井冈山的斗争》

30. 1937年，毛泽东科学地阐明了党的思想路线的著作是(　　)。

A.《实践论》　　B.《论反对日本帝国主义的策略》

C.《矛盾论》　　D.《中国革命战争的战略问题》

三、判断题

1. 1927年4月18日，南京国民政府成立，国民党所实行的是代表地主阶级、买办性的大资产阶级利益的一党专政和军事独裁统治。　(　　)

2. 民主革命时期，中国共产党绝大多数党员来自农民，因而它不是工人阶级先锋队。　(　　)

3. 大革命失败，教训惨痛，随着南昌起义、秋收起义和广州起义，进入了创造红军的新时期，开启了中国革命新纪元。 (　　)

4. 在新民主主义革命时期，只有当民族资产阶级拥护革命时，才要保护民族资本主义。 (　　)

5. 中国的新民主主义革命属于世界无产阶级社会主义革命的一部分，具有无产阶级社会主义革命的性质。新民主主义革命是无产阶级领导的革命，所以中国革命实质上是无产阶级领导的社会主义革命。 (　　)

6. 1928 年 6 月召开的中国共产党第六次全国代表大会，在继续把城市工作的复兴视为全国革命高潮到来的决定性条件的同时，肯定了农村根据地和红军是革命新高潮更大的发展基础和决定力量。 (　　)

7. 以城市为工作重点，到城市去发动工人，开展武装斗争，建设根据地，这是 1927 年以后中国革命发展的客观规律所要求的。 (　　)

8. 八七会议是中国共产党历史上由大革命失败到土地革命战争兴起过程中的一次具有转折意义的会议。八七会议使中国共产党在政治上大大前进了一步，开始了从大革命失败到土地革命战争兴起的转折。 (　　)

9. 1927 年 9 月 9 日，毛泽东等领导的湘赣边界秋收起义爆发，起义军首次公开打出了“工农革命军”的旗帜。 (　　)

10. 1927 年大革命失败后至解放战争胜利前夕，中国共产党在农村的土地政策是没收地主阶级的土地分配给农民。 (　　)

11. 井冈山革命根据地的建立点燃了“工农武装割据”的星星之火，为在革命低潮形势下，保存和发展革命力量，找到了一条新道路。 (　　)

12. 国民革命失败后，中国民族资产阶级追随大地主大资产阶级，因而成了革命的对象。 (　　)

13. 1929 年 4 月，毛泽东在调查研究的基础上，制定了《兴国土地法》，把《井冈山土地法》中“没收一切土地”的规定，改为“没收一切公共土地及地主阶级土地”，保护了中农的利益不受侵犯。(　　)

14. 中国革命是在俄国十月革命影响下发生和发展的，所以中国革命应该像俄国一样按“城市中心”模式进行。 (　　)

15. 1931 年 11 月，中华苏维埃共和国临时中央政府成立，实行工农兵代

表大会制度。中华苏维埃共和国的性质是人民民主专政。（　）

16. 1931 年中共制定了土地革命纲领和路线：坚定地依靠贫农、雇农，联合中农，限制富农，保护中小工商业者，消灭地主阶级；以乡为单位，按人口平分土地，在原耕地的基础上，实行抽多补少、抽肥补瘦。（　）

17. 在中国共产党的土地革命纲领和路线的指引下，根据地开展了热火朝天的“打土豪，分田地”的斗争，充分调动了广大农民发展生产和参军参战的积极性。（　）

18. 《湖南农民运动考察报告》等文章的发表，标志着毛泽东思想的初步形成。（　）

19. 毛泽东是农村包围城市、武装夺取政权革命新道路开辟的杰出代表。（　）

20. 中国共产党独立领导革命战争、创建人民军队和武装夺取政权的开端是秋收起义。（　）

21. 1927 年召开的八七会议，开始确立以毛泽东为代表的马克思主义的正确路线在中共中央的领导地位。（　）

22. 红色政权存在和发展的根本原因：中国是一个政治经济发展极不平衡的半殖民地半封建大国。（　）

23. 中国共产党内在革命的前途问题上曾有过两种错误倾向：一是陈独秀的“二次革命”论，二是以王明为代表的“左”倾教条主义。（　）

24. 1930 年 5 月，毛泽东在《反对本本主义》一文中批判了教条主义。（　）

25. 从 1927 年 7 月大革命失败到 1935 年遵义会议召开之前，“左”倾错误先后三次在党中央的领导机关取得了统治地位。（　）

26. 遵义会议是中国共产党历史上一个生死攸关的转折点。（　）

27. 毛泽东提出农村包围城市的根据，就在于“中国革命是半殖民地的资产阶级民主革命和革命的长期性这两个基本特点”。（　）

28. 1935 年 12 月，毛泽东在瓦窑堡会议上作了《论反对日本帝国主义的策略》的报告，阐明党的抗日民族统一战线的新政策，批判了党内的关门主

义和对于革命的急性病，系统地解决了党的政治路线问题。（ ）

29. 1936 年 12 月，毛泽东写了《中国革命战争的战略问题》，总结土地革命战争中党内在军事问题上的大争论，系统地说明了有关中国革命战争战略方面的问题。（ ）

30. 1937 年夏，毛泽东写了《实践论》《矛盾论》，从马克思主义认识论的高度，总结了中国共产党的历史经验，揭露和批评党内的主观主义尤其是教条主义的错误，深入论证马克思列宁主义基本原理同中国具体实际相结合的原则，科学地阐明了党的思想路线。（ ）

四、思考题

1. 试论述以毛泽东为代表的中国共产党人是如何探索和开辟革命新道路的。

2. 20 世纪 20 年代后期至 30 年代前期，中国共产党内为什么连续出现“左”倾错误？

3. 怎样认识长征的意义？为什么要继承和发扬长征精神？

4. 土地革命战争时期，中国共产党是如何总结历史经验、加强党的思想理论建设的？

第六章
中华民族的抗日战争

教学目的和要求：通过本章学习，学生了解在抗日战争时期，是中国共产党及时调整自己的政策路线，促使抗日民族统一战线的形成；认识中国共产党是抗日战争的中流砥柱；掌握抗日战争胜利的意义、原因和基本经验。

教学重点：1. 抗日战争胜利的意义、原因和基本经验；
2. 中国从局部抗战到全国性抗战的历史过程；
3. 抗日民族统一战线的形成、作用与意义。

教学难点：1. 中国共产党是抗日战争的中流砥柱；
2. 中国抗日战争是一场民族解放战争。

一、单选题

1. 1927 年，日本召开的东方会议制造了臭名昭著的(　　)，提出了对外扩张的总体战略。

A. 二十一条　　B.《对华政策纲要》
C.《田中奏折》　　D. 近卫声明

2. 1931 年 9 月 18 日，日本关东军在中国(　　)市郊柳条湖爆破铁路，制造借口向中国军队进攻。

A. 沈阳　　B. 长春　　C. 大连　　D. 旅顺

3. 下列关于九一八事变的影响，不正确的是(　　)。

A. 它使中国东北沦为日本殖民地
B. 它促使中国的社会矛盾开始发生变化
C. 它促使中共立即做出国共合作共同抗日的主张

D. 它是日本灭亡中国计划的一部分

4. 九一八事变后，中国共产党及时发表宣言、通电，提出(　　)。

A. 国共两党亲密合作抵抗日寇　B. 抗日救国十大纲领

C. 以民族自卫战争驱逐日本帝国主义　D. 建立广泛的抗日民族统一战线

5. 1932 年 1 月 28 日，日军向上海闸北中国驻军进攻，中国爱国将领蒋光鼐、蔡廷锴率领(　　)奋起抵抗，发动了一·二八淞沪抗战。

A. 第二十九军　B. 第十九路军

C. 第二十六路军　D. 第二十五军

6. 1933 年 5 月，原西北军将领冯玉祥在(　　)成立察哈尔民众抗日同盟军，并谋求同共产党合作。

A. 绥远　B. 张家口　C. 石家庄　D. 通化

7. 在抗日战争的淞沪会战中，率领“八百壮士”孤军奋守四行仓库的爱国将领是(　　)。

A. 佟麟阁　B. 赵登禹　C. 谢晋元　D. 李宗仁

8. 1935 年 8 月 1 日，中共驻共产国际代表团起草了(　　)，呼吁一致抗日。

A. 《停止内战一致抗日》　B. 《停战议和一致抗日》

C. 《为抗日救国告全国同胞书》　D. 《反日反蒋的初步协定》

9. 2001 年 10 月，张学良将军在美国夏威夷去世，其中一个网友写的挽联是“一代名帅，功泽九州，受千秋万代敬仰；百岁寿星，忠心爱国，誉五湖四海恩名”。张将军之所以受人景仰，是因为(　　)。

A. 冲破“不抵抗政策”，领导了东北抗日斗争

B. 促成了国共两党结束内战，实现第二次合作

C. 宣布“东北易帜”，服从南京国民政府

D. 晚年致力于祖国统一大业，推动两岸合作交流

10. 标志十年内战的局面结束，国内和平基本实现，成为时局转换的枢纽的是(　　)。

A. 国民党五届三中全会的召开　B. 中共瓦窑堡会议的召开

C. 西安事变的和平解决　D. 蒋介石发表庐山谈话

11. 日本帝国主义全面侵华，中国全国性抗日战争开始于(　　)。

A. 九一八事变　　B. “一·二八”事变
C. 七七事变　　D. 华北事变

12. 在惨绝人寰、震惊中外的南京大屠杀中，日军共杀害了约(　　)中国军民。

A. 10 万以上　　B. 30 万以上　　C. 5 万　　D. 50 万以上

13. 据不完全统计，在抗日战争中，中国军民伤亡总数超过(　　)万人。

A. 1500　　B. 2500　　C. 3500　　D. 4500

14. 抗日战争期间，新加坡成立了以(　　)为主席的南洋华侨筹赈祖国难民总会。

A. 徐四民　　B. 司徒美堂　　C. 林白　　D. 陈嘉庚

15. 抗战初期，国民党正面战场的多次战役最重要意义在于(　　)。

A. 消灭了日本大量有生力量
B. 粉碎了日军速战速决的侵略计划
C. 掌握了抗日战争的主动权
D. 取得了抗战以来的最大胜利

16. 抗日战争以来中国军队取得的第一次胜利，打破了“日军不可战胜”神话的战役是(　　)。

A. 台儿庄战役　　B. 雁门关大捷　　C. 百团大战　　D. 平型关大捷

17. 抗日战争是一场全民族反抗外敌入侵的正义战争。抗战初期，华北战场上规模最大、最激烈的一次战役，也是国共两党军队合作抗日配合最好的一次战役是(　　)。

A. 台儿庄战役　　B. 长城抗战　　C. 平津会战　　D. 忻口会战

18. 全国抗战初期，国共合作最典型的战役是(　　)。

A. 淞沪会战　　B. 太原会战　　C. 徐州会战　　D. 武汉会战

19. 1938 年初，国民政府改组军事委员会，下设政治部，(　　)被聘请担任政治部副部长。

A. 叶剑英　　B. 叶挺　　C. 王若飞　　D. 周恩来

20. 造成抗战时期蒋介石集团政治态度两面性的主要原因是(　　)。

A. 日本灭亡中国的方针没有改变
B. 中共领导的抗日武装力量的发展壮大

C. 国民党代表大地主大资产阶级利益

D. 民族矛盾和阶级矛盾的相互作用

21. 从北伐战争到抗日战争时期，国民政府所在地迁移的顺序是(　　)。

A. 广州—武汉—南京—重庆　　B. 广州—南京—武汉—重庆

C. 广州—武汉—重庆—南京　　D. 广州—南京—重庆—南京

22. 中国共产党确定抗日民族统一战线新政策的会议是(　　)。

A. 遵义会议　　B. 瓦窑堡会议　　C. 中共六大　　D. 延安会议

23. 中国共产党提出全面抗战路线，其主要内容是(　　)。

A. 政府与军队共同努力作战

B. 在一切日本占领区都进行抵抗

C. 海外华侨也要参加抗战

D. 动员全民族一切力量，进行人民战争

24. 抗战初期两条不同抗战路线的根本区别是(　　)。

A. 是否抵抗日本侵略　　B. 是否依靠人民群众

C. 是否合作抗战　　D. 是否积极抗战

25. 抗日民族统一战线正式建立的标志是(　　)。

A. 中共发表《八一宣言》

B. 西安事变的和平解决

C. 红军改编为八路军和新四军

D. 国民党中央通讯社发表《中共中央为公布国共合作宣言》和蒋介石发表承认共产党合法地位的谈话

26. 大革命时期的统一战线和抗日民族统一战线(　　)。

A. 都有共同的政治纲领　　B. 均采取党内合作的方式

C. 都具有反帝反封建性质　　D. 皆有各阶级、阶层广泛参加

27. 国共两党第一次、第二次合作的实现，主要是由于(　　)。

A. 两党最高革命纲领一致　　B. 两党面临共同的斗争任务

C. 两党得到外部力量帮助　　D. 中日民族矛盾十分尖锐

28. 抗日战争时期国共两党合作的主要表现是(　　)。

A. 统一领导全国抗战　　B. 抗日战场上相互配合

C. 两党军队间避免冲突　　D. 发动广大民众一致抗日

29. 第二次国共合作得以长期维持的主要原因是中国共产党(　　)。

A. 以民族大义为重，对国民党反共摩擦予以理解

B. 党外合作，保持中共在统一战线的绝对领导地位

C. 在统一战线中以斗争求团结

D. 维护国民党在统一战线中的领导地位

30. 1937 年 8 月，南方红军和游击队，除琼崖红军游击队外，改编为国民革命军陆军新编第四军，(　　)任军长。

A. 陈毅　　B. 叶挺　　C. 刘少奇　　D. 项英

31. 1938 年 5—6 月，毛泽东发表的揭示抗日战争发展规律的著作是(　　)。

A. 《论反对日本帝国主义的策略》

B. 《中国共产党在民族战争中的地位》

C. 《论持久战》

D. 《抗日游击战争的战略问题》

32. 下列关于抗战防御阶段说法正确的是(　　)。

A. 中共领导的敌后战场是主战场

B. 国民政府的正面会战，粉碎了日军速战速决的计划

C. 日本用主要兵力进攻敌后根据地

D. 蒋介石集团口头上抗战，行动上妥协

33. 毛泽东在《论持久战》中分析交战中的中日双方存在相互矛盾的特点是(　　)。

A. 敌强我弱；敌退步我进步；敌小国我大国；敌寡助我多助

B. 抗日战争是持久战，最后胜利是中国的

C. 中国是正义战争，日本是侵略战争

D. 英美等国纵容日本侵华

34. 抗日战争进入相持阶段后，日本调整侵华方针的根本原因是(　　)。

A. 日本试图引诱国民政府投降　　B. 日军主战场移至太平洋地区

C. 其实力与战略意图产生了矛盾　　D. 日本避免过早刺激英美参战

35. 抗日战争进入相持阶段后，日本帝国主义对国民政府采取的策略是(　　)。

A. 以军事打击为主，政治诱降为辅

B. 以政治诱降为主，军事打击为辅

C. 军事打击和政治诱降并重

D. 速战速决，武力征服

36. 1940 年枣宜会战后，周恩来称誉一位国民党爱国将领是“全国军人楷模”。他是(　　)。

A. 张自忠　　B. 张治中　　C. 张灵甫　　D. 张发奎

37. 1944 年 4 月至 1945 年 1 月，日本发动打通中国大陆交通线的战役是(　　)。

A. 忻口战役　　B. 淞沪战役　　C. 豫湘桂战役　　D. 枣宜会战

38. 抗日战争时期，国民党第二次反共高潮达到顶点的标志是(　　)。

A. 晋西事变　　B. 陇东事变　　C. 平江惨案　　D. 皖南事变

39. 1937 年 8 月，洛川会议制定了《抗日救国十大纲领》，强调要打倒日本帝国主义，关键在于(　　)

A. 持久战

B. 开辟敌后战场

C. 使已经发动的抗战成为全面的全民族的抗战

D. 坚持统一战线中无产阶级的领导权

40. 抗日战争爆发后，中共建立的第一个敌后抗日根据地是(　　)。

A. 晋绥根据地　　B. 冀鲁豫根据地

C. 苏南根据地　　D. 晋察冀根据地

41. 抗日战争进入相持阶段后，中国共产党领导的人民军队在华北给日本侵略者沉重打击的一次军事行动是(　　)。

A. 百团大战　　B. 平型关战役　　C. 淞沪会战　　D. 台儿庄战役

42. 抗日民族统一战线中的进步势力主要是指(　　)。

A. 工人、农民和城市小资产阶级　　B. 八路军、新四军

C. 共产党的组织　　D. 知识分子

43. 抗日战争期间，延安“吸引了一个美国军事观察团、一些美国国务院外交官和一个美国总统特使前来访问，另外还有大批外国记者前来采访”。其主要原因是(　　)。

A. 中共领袖人物的个人魅力

B. 中共的抗日主张得到了普遍认同

C. 中共坚持抗战赢得了国际友人的广泛同情

D. 中共领导的敌后战场在抗战中的地位日益重要

44. 1936 年美国新闻记者、作家埃德加·斯诺访问某个地区，他惊奇地发现，在贫瘠的中国西北部，竟聚集了中华民族的精英，看到了中国未来的希望和抗日胜利的曙光。这个地区指的是(　　)

A. 中央革命根据地　　B. 左右江根据地

C. 陕甘宁根据地　　D. 晋察冀抗日根据地

45. 在《论持久战》中，毛泽东指出中国抗战胜利的根本出路是(　　)。

A. 开展游击战争　　B. 建立抗日根据地

C. 国共长期合作　　D. 进行人民战争

46. 毛泽东在《论持久战》中指出，中国抗日战争取得胜利最关键的阶段是(　　)。

A. 战略防御阶段　　B. 战略相持阶段

C. 战略反攻阶段　　D. 战略决战阶段

47. 抗战时期，中国共产党的土地政策是(　　)。

A. 没收地主阶级土地　　B. 消灭富农

C. 征收富农多余财产　　D. 减租减息

48. 中国共产党在不同时期实行不同土地政策的根本出发点是(　　)。

A. 不同时期的斗争策略　　B. 国内主要矛盾的转化

C. 不同时期农民的要求　　D. 反对国民党斗争的需要

49. 抗日战争时期，根据地政权的民主建设主要体现为(　　)。

A. 建立中华苏维埃共和国　　B. 实行“三三制”原则

C. 开展整风运动　　D. 推行精兵简政政策

50. 毛泽东认为中国的游击战争在抗日战争中具有(　　)地位。

A. 重要　　B. 战术　　C. 战略　　D. 次要

51. 百团大战的直接指挥者是(　　)。

A. 毛泽东　　B. 朱德　　C. 彭德怀　　D. 贺龙

52. 1940 年创办的(　　)是中共历史上第一个开展自然科学教学与研究的专门机构。

A. 延安大学　　B. 延安公学
C. 鲁迅艺术学院　　D. 延安自然科学院

53. 1941 年 5 月，毛泽东做了(　　)的报告，整风运动首先在党的高级干部中进行。

A. 《反对党八股》　　B. 《整顿党的作风》
C. 《改造我们的学习》　　D. 《关于调查研究的决定》

54. 延安整风运动最主要的任务是(　　)。

A. 反对主观主义以整顿学风　　B. 反对宗派主义以整顿党风
C. 反对官僚主义以整顿作风　　D. 反对党八股以整顿文风

55. 中国共产党确定毛泽东思想作为指导思想的会议是(　　)。

A. 瓦窑堡会议
B. 六届七中全会
C. 六届六中全会
D. 中国共产党第七次全国代表大会

56. 1942 年，美国总统罗斯福对他的儿子说："如果没有中国，假如中国被打垮了，你想一想会有多少日本兵可以因此调到其他地方，他们可以占领澳洲、打下印度……。"罗斯福的话主要说明(　　)。

A. 中国抗战有力支援了其他国家的反法西斯战争
B. 美国对中国抗战抱有同情心
C. 美国对中国抗战持观望态度
D. 美国应该支持中国抗战

57. 下列关于抗战胜利原因的表述不正确的是(　　)。

A. 抗日民族统一战线的建立
B. 中共坚持实行全面的抗战路线
C. 世界各国人民的支持
D. 中国是大国，地大物博，人多兵多

58. 1945 年 8 月 9 日，毛泽东发表的号召对日本侵略者实行全国规模反攻的文章是(　　)。

A. 《为抗日救国告全国同胞书》
B. 《关于目前形势与党的任务的决定》
C. 《论持久战》

D.《对日寇的最后一战》

59. 中国抗日战争取得完全胜利的重要标志是(　　)。

A. 1945 年 8 月 15 日，日本天皇向全国广播了《终战诏书》，宣布日本无条件投降

B. 1945 年 9 月 2 日，在东京湾的美国军舰密苏里号上举行日本投降书的签字仪式

C. 1945 年 10 月 25 日，中国政府在台湾举行受降仪式。中国随后收回台湾及澎湖列岛

D. 1945 年 9 月 9 日，中国战区日军投降签字仪式在南京举行

60. 中国人民抗日战争胜利的纪念日是(　　)。

A. 8 月 15 日　B. 9 月 3 日　C. 7 月 7 日　D. 8 月 12 日

二、多选题

1. 日本侵华蓄谋已久，九一八事变后又制造(　　)，最终发动了全面侵华战争。

A. 八一三事变　B. 华北事变

C. 七七事变　D. “一·二八”事变

2. 日本在全面侵华战争中给中华民族造成的深重灾难表现在(　　)。

A. 制定了侵略中国的“大陆政策”　B. 制造了惨绝人寰的大屠杀

C. 疯狂掠夺中国的资源与财富　D. 强制推行奴化教育

3. 日本对中国的大规模侵略和在中国部分地区的殖民统治，犯下了空前严重的罪行，其主要表现是(　　)。

A. 制造惨绝人寰的大屠杀　B. 强制推行奴化教育

C. 肆意掠夺矿产资源、土地及农产品　D. 控制铁路交通

4. 九一八事变后，不断兴起的抗日救亡运动促使国民党内部分化，出现了一批坚决抗日的爱国将领，代表人物有(　　)。

A. 冯玉祥　B. 蔡廷锴　C. 蒋光鼐　D. 马占山

5. 战斗在白山黑水间的东北抗联的优秀代表有(　　)。

A. 杨靖宇　B. 赵尚志　C. 李兆麟　D. 周保中

6. “一二·九”运动的主要口号有(　　)。

A. “反对华北自治运动”　　B. “停止内战，一致对外”

C. “内惩国贼，外争国权”　　D. “打倒日本帝国主义”

7. “一二·九”运动与五四运动相比，共同点是(　　)。

A. 由中国共产党领导　　B. 背景是面临民族危机

C. 以青年学生为先锋　　D. 始于北京后扩大到全国

8. 1936 年 12 月 12 日，(　　)为了实现停止内战、共同抗日，毅然实行“兵谏”，扣留了蒋介石。

A. 冯玉祥　　B. 杨虎城　　C. 蒋光鼐　　D. 张学良

9. 近年来随着国共两党互信的加深，随着海峡两岸三通的实现，随着两岸同胞交往增多，可以乐观地预见两党再次合作的希望。历史上体现国共合作的事件有(　　)。

A. 黄埔军校的创建　　B. 北伐战争

C. 南昌起义　　D. 西安事变的和平解决

10. 抗日民族统一战线的特点包括(　　)。

A. 国共两个政权、两个军队的合作

B. 采取党内合作的方式

C. 没有共同的纲领和统一的领导机构

D. 广泛的民族性和极大的复杂性

11. 从国民革命运动到解放战争时期，国共两党时而合作、时而对抗，影响两党关系的因素有(　　)

A. 社会主要矛盾的变化　　B. 国共两党的阶级立场

C. 国际政治势力的态度　　D. 中国社会性质的变化

12. 抗战时期，正面战场和敌后战场的主要区别是(　　)。

A. 抗战的领导不同　　B. 抗战路线不同

C. 作战方式不同　　D. 战略地位不同

13. 抗战初期，正面战场所进行的(　　)战役，给日军以沉重打击。

A. 淞沪　　B. 忻口　　C. 徐州　　D. 武汉

14. 抗战初期，国民党正面战场除了台儿庄战役取得大捷外，其他战役几乎都是以退却、失败而结束的，造成这种状况的原因是(　　)。

A. 在敌我力量对比上，日军占有很大优势
B. 国民党战略指导方针上的失误
C. 实行片面抗战路线
D. 国民党政府在军事、政治、经济等方面陷入深刻的危机

15. 1939 年，国民党成立“防共委员会”，其方针为(　　)。

A. 防共　　B. 限共　　C. 溶共　　D. 反共

16. 1939 年 7 月，中共针对当时国内出现的妥协与分裂的危险，明确提出(　　)三大方针。

A. 团结　　B. 抗战　　C. 进步　　D. 斗争

17. 抗日战争出现战略相持阶段的原因有(　　)。

A. 日本改变侵华方针　　B. 日本的侵略力量相对不足
C. 国民党正面战场的连续败退　　D. 人民抗日力量还比较弱小

18. 下列关于相持阶段两个战场演变的说法，正确的是(　　)。

A. 正面战场消极抗战形势恶化
B. 敌后战场逐渐成为抗日的主战场
C. 正面战场的战略地位日益降低
D. 正面战场仍在一定程度上起到了牵制日军的作用

19. 抗日民族统一战线的策略总方针是(　　)。

A. 发展进步势力　　B. 争取中间势力
C. 孤立顽固势力　　D. 反对投降势力

20. 中国共产党强调，必须在统一战线中坚持独立自主的原则，其具体表现是(　　)。

A. 共产党必须保持在思想上、政治上和组织上的独立性
B. 放手发动群众，壮大人民力量
C. 必须坚持党对军队的绝对领导
D. 必须对国民党采取又团结又斗争、以斗争求团结的方针

21. 毛泽东发表《论持久战》的目的有(　　)。

A. 驳斥“亡国论”和“速胜论”
B. 向中国人民指明抗战胜利的正确道路
C. 打退日军的“扫荡”

D. 建立抗日民族统一战线

22. 毛泽东在《论持久战》中认为抗日战争最后胜利一定属于中国的原因是(　　)。

A. 中国是大国，地大物博

B. 日本是小国，经不起长期战争

C. 中国在国际上得道多助

D. 日本发动的是退步的、野蛮的侵略战争

23. 毛泽东科学预测抗日战争的发展进程包括三个阶段，分别是(　　)。

A. 战略防御　　B. 战略相持

C. 战略进攻　　D. 战略反攻

24. 1941 年 1 月，震惊中外的皖南事变爆发后，《新华日报》刊出周恩来的题词手迹：“为江南死国难者致哀!”“千古奇冤，江南一叶；同室操戈，相煎何急?!”大敌当前，中国共产党以民族利益为重，坚持正确的方针和原则，避免了抗日民族统一战线的破裂，这些方针和原则包括(　　)。

A. 又联合又斗争

B. 有理、有利、有节

C. 针锋相对，寸土必争

D. 发展进步势力和中间势力，孤立顽固势力

25. 毛泽东说：“使阶级斗争服从于今天抗日的民族斗争，这是统一战线的根本原则。”下列中国共产党的政策措施中，体现了这一“根本原则”的有(　　)。

A. 和平解决西安事变

B. 开辟敌后战场

C. 减租减息的土地政策

D. 有理、有利、有节地反击反共高潮

26. 加强政权建设，是中国共产党领导的抗日根据地建设的首要的、根本的任务。抗日民主政府在工作人员分配上实行“三三制”原则。“三三制”原则的内容是(　　)。

A. 共产党员占三分之一

B. 不左不右的中间派人士占三分之一

C. 民主党派占三分之一

D. 左派进步分子占三分之一

27. 抗日根据地的政权是具有统一战线性质的政权，政权结构包括(　　)机关。

A. 监察　　B. 立法　　C. 行政　　D. 司法

28. 延安整风运动是一场伟大的思想解放运动。这一运动最主要的任务是反对主观主义。主观主义的主要表现形式为(　　)。

A. 形式主义　　B. 宗派主义　　C. 教条主义　　D. 经验主义

29. 下列关于延安整风运动的表述正确的是(　　)。

A. 在思想上清算了“左”的和右的错误

B. 实行了“惩前毖后，治病救人”的方针

C. 确立毛泽东思想为全党的指导思想

D. 为新民主主义革命在全国的胜利奠定了思想基础

30. 抗战时期，中国共产党的自身建设方面取得的成就是(　　)。

A. 确立了以毛泽东为核心的党中央的领导

B. 确定毛泽东思想为党的指导思想

C. 从思想上清算了“左”倾和“右”倾的错误

D. 形成了空前的团结和统一

31. 中共七大把党在长期奋斗中形成的优良传统作风概括为(　　)。

A. 理论和实践相结合的作风

B. 和人民群众紧密联系在一起的作风

C. 自我批评的作风

D. 戒骄戒躁的作风

32. 中国共产党在全民族抗战中起到了中流砥柱的作用，表现在(　　)。

A. 积极倡导、促成、维护抗日民族统一战线，最大限度地动员全国军民共同抗战

B. 创立和发展了毛泽东思想，对抗战胜利发挥了重要的指导作用

C. 开辟敌后战场，建立抗日根据地，牵制和消灭了日军大量有生力量，为抗日战争的战略反攻提供了条件

D. 坚持全面抗战路线，制定正确的战略方针，具有献身精神

33. 1945 年，联合发表《波茨坦公告》的三个国家是(　　)。

A. 法国 B. 中国 C. 美国 D. 英国

34. 中国的抗日战争是世界反法西斯战争的重要组成部分，其表现是(　　)。

A. 中国战场年平均牵制74%以上的日本陆军

B. 日军在海外作战中损失的287万人中，有150万人伤亡在中国战场

C. 中国为盟国提供了大量的战略物资和军事情报

D. 美、英、法等国向中国提供了经济援助或军事合作

35. 中国人民抗日战争，是近代以来中华民族反抗外敌入侵第一次取得完全胜利的民族解放战争，是20世纪中国和人类历史上的重大事件。抗日战争取得完全胜利的原因在于(　　)。

A. 中国共产党在全民族抗战中起到了中流砥柱的作用

B. 中国人民巨大的民族觉醒、空前的民族团结和英勇的民族抗争

C. 日本帝国主义内部的矛盾

D. 世界所有爱好和平和正义的国家和人民、国际组织以及反法西斯力量的同情和支持

三、判断题

1. 日本侵华的真正目的是帮助中国尽快地走上资本主义发展道路。 (　　)

2. 九一八事变后，中国共产党不但积极参加和推动各地的抗日救亡运动，而且直接领导了东北人民的抗日武装斗争。 (　　)

3. 1931年九一八事变，标志着中国抗日战争进入全国性抗战的新时期。 (　　)

4. 1932年4月15日，中华苏维埃共和国临时中央政府宣布对日作战。 (　　)

5. 在抗日战争初期，国民政府实行过若干有利于抗战的政策。 (　　)

6. 抗日战争时期，在战略防御阶段，日本侵略者以共产党军队为主要作战对象。 (　　)

7. 抗日战争时期，在战略相持阶段，日军逐步将主要兵力用于打击敌后

战场的人民军队，以保持和巩固其占领地。（　　）

8. 在抗战时期，国民党实行片面抗战路线，正面战场未能起到抗击日军的作用。（　　）

9. 国民党军队的几次较大战役，对日军进行了英勇的抗击，大体上保住了西南、西北大后方地区。（　　）

10. 抗日战争时期，与国民党实行的片面抗战路线不同，中国共产党一开始就主张实行全面抗战路线。（　　）

11. 在《〈共产党人〉发刊词》一文中，毛泽东首次阐述了中国共产党的三大优良作风。（　　）

12. 中国共产党强调，必须在抗日民族统一战线中坚持独立自主原则。（　　）

13. 抗日民族统一战线形成后，必须“一切经过统一战线”“一切服从统一战线”。（　　）

14. 中国共产党制定的“发展进步势力，争取中间势力，孤立顽固势力”的抗日民族统一战线的策略总方针，“中间势力”是指“工人、农民和城市小资产阶级”，“顽固势力”是指国民党。（　　）

15. 抗日战争时期，中国共产党领导的人民军队在大部分时间里所进行的，主要是运动战，游击战争并不具有战略地位。（　　）

16. 为了支撑中国战场的持久抗战，国民政府在坚持正面战场作战的同时，以内迁工厂为龙头，在西南、西北地区开展了战时经济和其他方面的建设。（　　）

17. 为了贯彻执行全面抗战路线，中国共产党做出了开辟敌后战场的战略决策，并坚持在敌后广泛开展游击战。（　　）

18. 国共两党两条不同抗战路线的根本分歧是要不要抗日的问题。（　　）

19. 抗日战争是在国共合作为主体的抗日民族统一战线的旗帜下进行的。（　　）

20. 1938 年 9—11 月，中国共产党在延安举行了扩大的六届六中全会，全

会基本上纠正了王明的右倾错误，进一步确立了毛泽东在全党的领导地位。（ ）

21. 洛川会议制定了建立抗日民族统一战线的策略。（ ）

22. 延安整风运动的内容是：反对主观主义以整顿学风；反对宗派主义以整顿党风；反对党八股以整顿文风。其中心内容是反对主观主义。（ ）

23. 中国人民抗日战争积累了丰富的经验，揭开了世界反法西斯战争的序幕，为世界反法西斯战争做出了重大贡献。（ ）

24. 中国抗日战争胜利的根本原因是美国在日本投下了原子弹。（ ）

25. 1942 年元旦发起的第三次长沙会战，给日军以有力的打击。（ ）

26. 在中国共产党六届六中全会上，毛泽东明确地提出了“马克思主义中国化”的命题。（ ）

27. 战略反攻阶段，中国军队从缅甸开始反攻，缅北战役的胜利与盟军的对日反攻一起，构成了彻底打败日本法西斯的强大攻势。（ ）

28. 从 1937 年日本发动卢沟桥事变到 1941 年，中国战场通常牵制日本陆军兵力 70% 左右，空军 50% 左右。（ ）

29. 中国抗日战争有力地配合英美在太平洋战场的作战，支援了苏联的对德作战。抗日战争奠定了中国在国际上的政治大国地位。（ ）

30. 中国人民抗日战争，是近代以来中国反抗外敌入侵第一次取得完全胜利的民族解放战争，是 20 世纪中国和人类历史上的重大事件。（ ）

四、思考题

1. 为什么说中国的抗战是神圣的民族解放战争？

2. 为什么说中国共产党是中国人民抗日战争的中流砥柱？

3. 为什么说中国人民抗日战争是弱国战胜强国的范例？其历史意义是什么？

第七章 为新中国而奋斗

教学目的和要求： 通过本章学习，学生了解在两种命运、两个前途决战的关键时刻，是中国共产党领导人民打败了国民党的军事进攻，为中国选择了社会主义的前途；把握没有共产党就没有新中国，只有社会主义才能救中国；熟悉民主党派的历史作用及第二条战线的形成。

教学重点： 1. 抗日战争胜利后，中国共产党争取和平民主的方针及其斗争；

2. 各民主党派的历史及其政治主张，从而认识第三条道路所主张的“中间路线”在当时的中国行不通。

教学难点： 中国共产党领导的人民共和国是中国人民正确的历史选择。

一、单选题

1. 下列抗战胜利后对中国社会主要矛盾的理解正确的是(　　)。

A. 中华民族与帝国主义的矛盾已经解决

B. 国内阶级矛盾是中国社会唯一的主要矛盾

C. 中国近代社会的两大矛盾仍然存在

D. 反蒋斗争表明中外矛盾仍然存在

2. 在第二次世界大战结束后新的国际格局下，美国采取的对华政策是(　　)。

A. 保持中立的政策　　B. 扶蒋反共的政策

C. 武力干涉的政策　　D. 遏制中国的政策

3. 抗日战争胜利后，美国实行的对华政策的根本目的是(　　)。

A. 进一步扩大对华资本输出　　B. 在中国建立稳定统一的全国性政权
C. 控制中国，推行全球战略　　D. 缓和美苏矛盾，划分势力范围

4. 抗战胜利后，国际形势对中国革命非常不利的是(　　)。
A. 美国推行全球扩张政策
B. 社会主义阵营日益巩固和扩大
C. 民族解放运动蓬勃发展，殖民体系日益瓦解
D. 蒋介石坚持内战和独裁的方针

5. 抗日战争后期疯长起来，成为中国人民新的敌人，这种反动势力是指(　　)。
A. 帝国主义　B. 官僚资本主义　C. 封建主义　D. 军阀主义

6. 抗战胜利初期，中国共产党的主要政治任务是(　　)。
A. 参加重庆谈判，商讨建国大计　B. 揭露美蒋阴谋，避免全面内战
C. 召开政协会议，改组国民政府　D. 争取和平民主，反对内战独裁

7. 1945 年 8 月，蒋介石三次电邀毛泽东去重庆谈判的主要原因是(　　)。
A. 中国共产党力量强大　　B. 广大人民反对内战
C. 发动内战准备不足　　D. 美国主张和平解决

8. 毛泽东说：“这一次我们去得好，击破了国民党说共产党不要和平，不要团结的谣言。”“这一次”是指(　　)。
A. 参加国民党“一大”　　B. 和平解决西安事变
C. 赴重庆谈判　　D. 参加政协会议

9. 1945 年 8 月，《大公报》报道毛泽东来到重庆的消息时称：“爱好民主自由的人士都知道，这是维系中国目前及未来历史和人民幸福的一个喜讯。”这反映了“爱好民主自由的人士”期盼(　　)。
A. 国共双方和平协商，创建新中国
B. 国共双方消除隔阂，共同抗日
C. 共产党领导人民推翻国民党的统治
D. 共产党与民主党派合作建立新中国

10. 重庆谈判的焦点问题是(　　)。
A. 人民军队和解放区的合法地位　B. 要不要和平建国

C. 实行宪政、结束训政　　D. 人民的民主、自由权利

11. 1945 年 8 月，国共两党重庆谈判，签订的协定是(　　)。

A.《双十协定》　　B.《停战协定》

C.《共同纲领》　　D.《国内和平协定》

12.《双十协定》确认和平建国的基本方针，同意(　　)。

A. 和平、民主、团结　　B. 长期合作，坚决避免内战

C. 巩固国内和平，实现民主改革　　D. 独立、自由、和平

13.《双十协定》是人民力量的胜利，这主要是因为它(　　)。

A. 保证人民享有民主和自由的权利

B. 决定召开各派力量政治协商会议

C. 确认和平建国的基本方针

D. 决定迅速结束训政和实行宪政

14. 1946 年召开的政协会议，通过有利于人民的决议不包括(　　)。

A. 召开国民大会，制定宪法　　B. 改组国民政府

C. 结束训政，实施宪政　　D. 实施和平建国纲领

15. 在重庆政治协商会议上，与中国共产党合作反对国民党反动派专制独裁的主要势力是(　　)。

A. 民主党派　　B. 无党派人士

C. 国民党内的反对派　　D. 民主党派和无党派人士

16. 1946 年政协会议的决议很快被国民政府撕毁，主要是因为(　　)。

A. 代表了中共的利益　　B. 妨碍了美国控制中国

C. 不利于国民党发动内战　　D. 冲破了蒋介石的独裁统治

17. 1946 年，全面内战开始于国民党军队大举进攻(　　)。

A. 山东解放区　　B. 中原解放区

C. 东北解放区　　D. 陕甘宁解放区

18. 1947 年 3 月，中共中央撤离延安，国民党军队大举进攻(　　)。

A. 山东解放区　　B. 中原解放区

C. 陕甘宁解放区　　D. 大别山根据地

19. 人民解放战争中，揭开战略进攻序幕的事件是(　　)。

A. 粉碎国民党军队对陕北的进攻　　B. 刘邓大军挺进大别山

C. 陈毅、粟裕挺进苏鲁豫皖　　D. 陈赓、谢富治挺进豫西

20. 1947 年 6 月，人民解放军实施战略进攻时，就敌我力量对比而言(　　)。

A. 人民解放军在数量上与装备上已占有一定的优势

B. 人民解放军在数量上还不占有优势

C. 人民解放军在数量上已超过国民党军队

D. 国民党军队在数量与装备上处于明显劣势

21. 1947 年 6 月，中国人民解放军开始实行战略进攻的意图是(　　)。

A. 与敌军主力进行决战　　B. 全面扩大解放区

C. 解放中原，进取华中　　D. 由内线作战转向外线作战

22. 1947 年 6 月，刘邓大军挺进大别山，揭开了战略反攻的序幕。这时(　　)。

A. 蒋介石被迫实行重点防御

B. 国民党军队的主力已被基本消灭

C. 我军已粉碎国民党重点进攻

D. 美国已经放弃对国民政府的支持

23. 1947 年解放军开始战略反攻时，国民党正在实施的战略是(　　)。

A. 全面进攻解放区　　B. 重点进攻山东和陕北解放区

C. 抢占战略要地和交通线　　D. 集中兵力防守战略要地

24. 解放战争时期，中国共产党领导并建立的统一战线是(　　)。

A. 第一次国共合作　　B. 抗日民族统一战线

C. 工农民主统一战线　　D. 人民民主统一战线

25. 1947 年 10 月 10 日，中国人民解放军总部发表宣言，提出(　　)的口号。

A. 一切反动派都是纸老虎　　B. 打倒蒋介石，解放全中国

C. 百万雄师过大江　　D. 挺进大别山

26. 1947 年 12 月，中共中央在(　　)召开会议，制定了夺取全国胜利的行动纲领。

A. 瓦窑堡　　B. 洛川　　C. 延安　　D. 米脂县杨家沟

27. 中国民主革命的基本问题是(　　)。

A. 武装斗争问题　　B. 党的建设问题
C. 统一战线问题　　D. 农民问题

28. 1946 年 5 月 4 日，中共中央发出《关于清算、减租及土地问题的指示》，史称(　　)。

A. 五四指示　B. 土地指示　C. 土地法大纲　D. 减租指示

29. 1946 年中共中央发出《关于清算、减租及土地问题的指示》，决定将党在抗日战争时期实行的减租减息政策改变为(　　)。

A. 实现“打土豪，分田地”的地政策
B. 实现“平均地权”的政策
C. 实现“地主减租减息，农民交租交息”的政策
D. 实现“耕者有其田”的政策

30. 标志着解放区在农民土地问题上，开始由削弱封建剥削，向变革封建土地关系、废除封建剥削制度过渡的文件是(　　)。

A. 《井冈山土地法》
B. 《兴国土地法》
C. 《中国土地法大纲》
D. 《关于清算、减租及土地问题的指示》

31. 毛泽东说：“如果我们能够普遍彻底地解决土地问题，我们就获得了足以战胜一切的敌人的最基本条件。”这里的“最基本条件”是(　　)。

A. 建立稳固的革命根据地
B. 建立党领导下的人民军队
C. 取得占人口最多的广大农民的拥护、支持
D. 实行“工农武装割据”

32. 1947 年 7—9 月，中国共产党在河北省平山县召开全国土地会议，制定并通过了(　　)。

A. 《中国人民政治协商会议共同纲领》
B. 《五四指示》
C. 《中国土地法大纲》
D. 《对时局的意见》

33. 解放战争时期，毛泽东提出“一切反动派都是纸老虎”的著名论断，其主要依据是(　　)。

A. 国民政府腐败不得人心　　B. 人民解放军具有坚强的战斗力
C. 人民解放军有巩固的战略后方　　D. 国统区人民民主运动不断高涨

34. 率领北平国民党军队接受和平改编的国民党将领是(　　)。
A. 张治中　　B. 蔡廷锴　　C. 杜聿明　　D. 傅作义

35. 解放战争时期，国民党统治区人民民主运动高涨的根本原因是(　　)。
A. 中国共产党组织了反蒋统治的第二条战线
B. 上海学生举行了声势浩大的“三反”斗争
C. 国民党蒋介石集团的经济崩溃和政治危机
D. 民主党派的联合斗争和人民起义遍及各地

36. 1946 年 12 月，北平学生为抗议美军暴行，爆发了(　　)。
A. 抗暴运动　　B. “一二・一”运动
C. 反饥饿、反内战运动　　D. 反饥饿、反内战、反迫害运动

37. 1948 年三大战役中首先展开的是(　　)。
A. 辽沈战役　　B. 淮海战役　　C. 平津战役　　D. 渡江战役

38. 被陈毅称为“人民群众用小车推出来的”战役是(　　)。
A. 辽沈战役　　B. 淮海战役　　C. 平津战役　　D. 孟良崮战役

39. 三大战役歼灭和改编敌人的数量按从多到少的顺序排列，正确的是(　　)。
A. 辽沈、淮海、平津战役　　B. 淮海、平津、辽沈战役
C. 平津、淮海、辽沈战役　　D. 辽沈、平津、淮海战役

40. “百万雄师过大江”是指(　　)。
A. 淮海战役　　B. 挺进大别山　　C. 渡江战役　　D. 辽沈战役

41. 人民解放军解放南京的时间是(　　)。
A. 1948 年 11 月 23 日　　B. 1949 年 4 月 23 日
C. 1949 年 4 月 21 日　　D. 1948 年 1 月 31 日

42. 人民解放战争时期，国民党的统治在不到三年的时间就被推翻。其根本原因是(　　)。
A. 政治孤立，失去民心　　B. 军队厌战，士气低落
C. 贪官横行，统治腐败　　D. 美援断绝，蒋桂分裂

43. 中国共产党继承了孙中山的未竟事业，这主要表现在(　　)。

A. 完成了反帝反封建的历史任务

B. 建立了人民民主专政的国家政权

C. 实现了平均地权，把土地分给了广大农民

D. 没收了官僚资本，建立了公有制

44. 1947 年 10 月被国民党当局宣布为“非法团体”并明令“严加取缔”的民主党派是(　　)。

A. 中国民主同盟　　B. 中国民主建国会

C. 中国民主促进会　　D. 中国国民党革命委员会

45. 解放战争时期，中国共产党对各民主党派采取了(　　)的政策。

A. 积极争取和团结　　B. 互相监督

C. 协同并进　　D. 互为补充

46. 1949 年 1 月，李济深、沈钧儒等著名民主人士 55 人联合发表(　　)，表示愿意接受中国共产党的领导。

A.《对目前时局的宣言》　　B.《和平建国纲领》

C.《对时局的意见》　　D.《国内和平协定》

47. 1949 年元旦，蒋介石发表“求和”声明，其真实意图是(　　)。

A. 希望结束内战

B. 希望国共两党关系恢复到政协协议的框架下

C. 与中共和谈，划江而治

D. 争取时间，准备卷土重来

48. 1949 年 3 月，中共七届二中全会在(　　)召开。

A. 河北平山县西柏坡　　B. 陕北米脂县杨家沟

C. 陕北洛川县冯家村　　D. 陕北子长县瓦窑堡

49. 七届二中全会召开的背景是(　　)。

A. 国民党主力部队基本被消灭　　B. 国民党统治垮台

C. 渡江战役刚刚开始　　D. 国民党拒绝在和平协议上签字

50. “作风建设永远在路上。”在九十多年波澜壮阔的历史进程中，中国共产党始终十分重视党的作风建设。在党的七届二中全会上，毛泽东强调必须保持的党的作风是(　　)。

A. 理论和实践相结合的作风

B. 和人民群众紧密地联系在一起的作风

C. 谦虚、谨慎、不骄、不躁和艰苦奋斗的作风

D. 自我批评的作风

51. 在中国共产党七届二中全会上，毛泽东提出了“两个务必”的思想，其原因主要是(　　)。

A. 中国将由新民主主义社会转变为社会主义社会

B. 中国共产党即将成为执政党

C. 党的工作方式发生了变化

D. 全国大陆即将解放

52. 1949 年 6 月 30 日，毛泽东发表了(　　)。

A. 《新民主主义论》　　B. 《论人民民主专政》

C. 《关于时局的声明》　　D. 《论联合政府》

53. 1949 年 9 月 21 日，(　　)在北平中南海怀仁堂开幕。

A. 第一届全国人民代表大会第一次会议

B. 中共中央政治局扩大会议

C. 中共七届三中全会

D. 中国人民政治协商会议第一届全体会议

54. 中国人民政治协商会议第一届全体会议一致选举(　　)为中央人民政府主席。

A. 宋庆龄　　B. 毛泽东　　C. 刘少奇　　D. 张澜

55. 《中国人民政治协商会议共同纲领》规定了我国的根本政治制度，我国的国体是(　　)。

A. 工农民主专政　　B. 苏维埃共和国

C. 人民民主专政　　D. 资产阶级共和国

56. 1949 年 9 月 21 日，中国人民政治协商会议第一届全体会议在北平隆重开幕。这次会议与 1946 年 1 月在重庆召开的政治协商会议的不同之处在于(　　)。

A. 中国共产党居领导地位

B. 多党派参加

C. 民主党派也是执政党

D. 通过的《共同纲领》属于社会主义性质

57. 1949 年 9 月，中国人民政治协商会议通过的起临时宪法作用的文件是(　　)。

A.《论人民民主专政》

B.《中国人民政治协商会议组织法》

C.《中国人民政治协商会议共同纲领》

D.《中华人民共和国中央人民政府组织法》

58. 标志着中国的新型政党制度——中国共产党领导的多党合作和政治协商制度确立的事件是(　　)。

A. 55 名民主党派的领导人和著名的无党派民主人士联合发表《对时局的意见》

B. 中共中央发布纪念“五一”劳动节的口号

C. 中国人民政治协商会议第一届全体会议的召开

D. 第一届全国人民代表大会的召开

59. “房子是应该经常打扫的，不打扫就会积满了灰尘；脸是应该经常洗的，不洗也就会灰尘满面。我们同志的思想、我们党的工作，也会沾染灰尘的，也应该打扫和洗涤。”这段话形象地反映了中国共产党在长期革命实践中形成的(　　)。

A. 密切联系群众的优良作风　　B. 艰苦奋斗的优良作风

C. 理论联系实际的优良作风　　D. 批评与自我批评的优良作风

60. 中国民主革命胜利的基本经验的核心是(　　)。

A. 开展武装斗争　　B. 建立广泛的革命统一战线

C. 走农村包围城市的道路　　D. 中国共产党的正确领导

二、多选题

1. 抗日战争胜利后，内战并未立即爆发，主要原因是(　　)。

A. 国民党尚未完成军事部署

B. 阶级矛盾尚未成为主要矛盾

C. 争取和平反对内战的舆论压力

D. 中共提出“和平、民主、团结”三大口号

2. 抗日战争胜利后，国民党的反共方针得到了美国政府的支持。美国在中国的短期目标是(　　)。

A. 让蒋介石政府成为它在亚洲的主要支持者

B. “遏制苏联”

C. 维护美国在中国的殖民主义利益

D. 支持中国人民的革命

3. 抗战结束后，蒋介石愿与中国共产党进行和平谈判，其目的是(　　)。

A. 敷衍国内外要求和平的舆论

B. 诱使中共交出人民军队和解放区政权

C. 为把战争责任转嫁给中共制造借口

D. 争取时间为内战做准备

4. 1945年8月，中共中央发表《对目前时局的宣言》，明确提出的口号是(　　)。

A. 和平　　B. 民主　　C. 团结　　D. 自由

5. 抗日战争结束后，中国共产党为避免内战，实现和平建国，采取的主要措施有(　　)。

A. 参加政协会议并维护政协协议

B. 赴重庆与国民党当局进行谈判

C. 在国统区开辟第二条战线

D. 在解放区开展土地改革运动

6. 1945年8月28日，中国共产党飞赴重庆与国民党当局进行谈判的主要代表是(　　)。

A. 毛泽东　　B. 周恩来　　C. 王若飞　　D. 刘少奇

7. 1945年10月10日，双方签署《政府与中共代表会谈纪要》，即《双十协定》，确认和平建国的方针，同意(　　)。

A. 长期合作　　B. 坚决避免内战　　C. 一致对外　　D. 荣辱与共

8. 中共代表团在结束重庆政治协商会议返回延安时，代表团成员李维汉在当天的日记中写道：“国共谈判破裂了，但我党满载人心归去。”其原因主要有(　　)。

A. 中国人民争得了一年的和平休息时期

B. 暴露了国民党的反动本质

C. 强迫了国民党统治集团履行政治协议

D. 通过这次会议，各界群众懂得了什么人应当对战争承担责任

9. 抗日战争胜利后，国共两党举行的和平谈判有(　　)。

A. 重庆谈判　B. 北平谈判　C. 南北议和　D. 西安谈判

10. 中国的武装斗争，实质上是无产阶级领导的农民革命战争，其原因在于(　　)。

A. 农民占中国人口的绝大多数，是中国军队的主要来源

B. 农民是反帝反封建的主力军

C. 中国革命的基本问题是农民问题

D. 革命的中心任务和最高形式是武装夺取政权

11. 为了打退国民党对解放区的军事进攻，中共中央做出的决定是(　　)。

A. 必须和人民群众亲密合作

B. 必须争取一切可以争取的人

C. 在党的领导下建立最广泛的人民民主统一战线

D. 必须采取集中优势兵力、各个歼灭敌人的作战原则

12. 1947 年 2 月至 6 月，中国人民解放军粉碎了国民党军队(　　)。

A. 对陕甘宁地区的重点进攻　B. 对东北解放区的重点进攻

C. 对中原解放区的重点进攻　D. 对山东解放区的重点进攻

13. 1947 年 6 月底，根据中共中央举行全国性的反攻部署，(　　)。

A. 陈赓、谢富治率军挺进豫西地区

B. 西北野战军保卫延安

C. 刘邓大军千里跃进大别山

D. 陈毅、粟裕率军挺进苏鲁豫皖地区

14. 1948 年 9 月 12 日至 1949 年 1 月 31 日，中国人民解放军发动的三大战略决战是(　　)。

A. 辽沈战役　B. 淮海战役　C. 平津战役　D. 渡江战役

15. 抗日战争胜利后，第三条道路的主张是(　　)。

A. 在政治上“必须实现英美式的民主政治”

B. 在经济上，“应当实行改良的资本主义”

C. 在方法上，走和平改良的道路

D. 在思想上，信仰基督教

16. 解放战争时期，在国民党统治区形成了以学生运动为先导的人民民主运动，成为配合人民解放战争的第二条战线。第二条战线形成的原因是(　　)。

A. 国民党政府专制独裁、官员贪污腐败

B. 国民党在军事上的失利

C. 国民党顽固坚持内战政策

D. 国统区爆发严重经济危机

17. 解放战争时期，在国民党统治区形成了配合人民解放战争的第二条战线，下列关于第二条战线的表述正确的是(　　)。

A. 有力地配合了人民解放军正面作战

B. 是以学生运动为先导的包括各阶层民众在内的人民民主运动

C. 加速了第三条道路主张的破灭

D. 沉重打击了国民党的反动统治，加速了人民大革命新高潮的到来

18. 中国民主党派形成时的社会基础，主要是(　　)。

A. 民族资产阶级　　B. 知识分子

C. 城市小资产阶级　　D. 其他爱国分子

19. 民主党派的主要领导人有(　　)。

A. 李济深　　B. 张澜　　C. 沈钧儒　　D. 李大钊

20. 下列不属于八大民主党派的有(　　)。

A. 九三学社　　B. 中国青年党

C. 中国民主社会党　　D. 台湾民主自治同盟

21. 在解放战争时期开展的土地改革运动中，中国共产党颁布的土地法令有(　　)。

A. 《井冈山土地法》

B. 《兴国土地法》

C. 《关于清算、减租及土地问题的指示》

D. 《中国土地法大纲》

22. 中国共产党七届二中全会的召开(　　)。

A. 解决了中国由新民主主义革命向社会主义革命转变的重大问题

B. 确定毛泽东思想为党的指导思想

C. 会议通过了《共同纲领》

D. 指出党的工作重心由乡村转移到城市

23. 中共七届二中全会解决的由新民主主义革命转变为社会主义革命的重大问题有(　　)。

A. 党的工作作风问题　　B. 国家建设的总任务问题

C. 党的工作重心问题　　D. 党的基本政策问题

24. 在中共七届二中全会上，毛泽东告诫全党，夺取全国胜利，这只是万里长征走完了第一步，中国的革命是伟大的，但革命以后的路更长，工作更伟大、更艰苦。据此，他提出了“两个务必”的思想，即(　　)。

A. 务必由农业国转变为工业国

B. 务必使同志们继续地保持谦虚、谨慎、不骄、不躁的作风

C. 务必由新民主主义社会转变为社会主义社会

D. 务必使同志们继续地保持艰苦奋斗的作风

25. 1949 年 3 月，中共中央离开西柏坡迁往北平。毛泽东说：“今天是进京赶考的日子，我们决不当李自成，我们都希望考个好成绩。”这句话的意思是(　　)。

A. 避免农民战争中的流寇主义

B. 消除农民阶级的封建思想

C. 防止产生骄傲麻痹思想

D. 防止干部中出现享乐腐化作风

26. 1949 年 9 月 21 日，中国人民政治协商会议第一届全体会议在北平中南海怀仁堂隆重开幕，参加会议的代表共 662 人，代表主要来自(　　)。

A. 中国共产党　　B. 各民主党派

C. 各人民团体　　D. 无党派民主人士

27. 1949 年，中国人民政治协商会议选举出第一届中央人民政府委员会，下列领导人中，担任中央人民政府副主席的有(　　)。

A. 宋庆龄　　B. 李济深　　C. 张澜　　D. 黄炎培

28. 1949 年 9 月制定的《中国人民政治协商会议共同纲领》的主要内容是

关于新中国(　　)。

A. 基本民族政策的规定　　B. 国体和政体的规定

C. 经济工作方针的规定　　D. 外交工作原则的规定

29. 中国新民主主义革命胜利的主要原因是(　　)。

A. 中国共产党的正确领导

B. 广大人民群众的广泛参加和大力支持

C. 各民主党派和无党派民主人士、各少数民族、爱国知识分子和华侨的积极参与

D. 国际无产阶级和人民群众的援助

30. 毛泽东总结中国共产党成立以来的历史经验，指出中国共产党在中国革命中战胜敌人的三大法宝是(　　)。

A. 统一战线　　B. 党的建设　　C. 武装斗争　　D. 土地革命

三、判断题

1. 抗日战争后的政治形势，总的来说，是不利于中国人民实现和平建国的。(　　)

2. 美国政府声称“不支持中国中央政府进行内战”，实际上是支持国民党的反共方针的，其在中国追求的长期的基本目标是建立一个统一的亲美政府。(　　)

3. 以武力消灭共产党及其领导的人民军队和解放区政权，不是蒋介石集团的既定方针。(　　)

4. 1945 年 8 月 25 日，中共中央在《对目前时局的宣言》中明确提出“自由、民主、团结”的口号。(　　)

5. 1945 年蒋介石表示愿意与中共进行和平谈判的目的是诱使中共交出军队和政权，掩盖其正在进行的内战准备。(　　)

6. 1945 年国共双方在重庆进行谈判，双方签署了《和平建国纲领》，确认和平建国的基本方针。(　　)

7. 国民党政府由于专制独裁统治和官员们的贪污腐败，抗战后期在大后方便已严重丧失人心。(　　)

8. 抗战胜利后，中国最佳的选择是走第三条道路，可以避免战争。（　　）

9. 解放战争时期，中共中央在解放军数量上占有优势后决定举行全国性反攻。（　　）

10. 1947 年 6 月底，根据中共中央的决策和部署，刘伯承、邓小平率领的晋冀鲁豫野战军主力，实施中央突破，千里跃进大别山。（　　）

11. 刘邓大军开辟了大别山根据地，严重威胁了国民党统治中心南京和湖北重镇武汉。（　　）

12. 解放战争时期，在国民党统治区，以学生运动为先导的人民民主运动迅速发展起来，成为配合人民解放战争的第二条战线。（　　）

13. 解放战争时期，国民党当局只与中国共产党为敌，对民主党派和民主人士采取友好、合作的态度。（　　）

14. 抗日战争胜利后，某些民主党派的领导人物曾经鼓吹“中间路线”。（　　）

15. 中国各民主党派的政纲不尽相同，但都主张爱国、反对卖国，主张民主、反对独裁。（　　）

16. 1948 年 1 月，民盟一届三中全会召开，标志着民盟站到了新民主主义革命的立场上来。（　　）

17. 巩固和扩大统一战线的关键，是坚持工人阶级及其政党的领导权。（　　）

18. 土地制度改革是从根本上摧毁中国封建制度根基的社会大变革。（　　）

19. 解放战争时期，中国共产党在解放区实行的土地政策是减租减息政策。（　　）

20. 从 1948 年 9 月到 1949 年 1 月，人民解放军发动了举世闻名的辽沈、淮海、渡江三大战役，与国民党军队展开了主力决战。（　　）

21. 三大战役结束后，国民党军队在军事上不得不实行“重点防御”。（　　）

22. 1949 年 4 月 23 日，人民解放军占领南京，宣告人民解放战争的胜利。（　　）

23. 南京解放后，人民解放军继续向中南、西北、西南各地举行大进军，迅速解决残余敌人。（　　）

24. 毛泽东的《论人民民主专政》一文，全面阐述新中国的国家政权理论。（　　）

25. 中共七届二中全会的决议和毛泽东的《论人民民主专政》，构成了《中国人民政治协商会议共同纲领》的基础。（　　）

26. 1949 年，完成创建新中国的任务是由中国人民政治协商会议来承担的。（　　）

27. 《中国人民政治协商会议共同纲领》在当时是全国人民的宪章，起着临时宪法的作用。（　　）

28. 中国革命之所以走上胜利的道路，是由于有了中国工人阶级的先锋队——中国共产党的领导。（　　）

29. 人民民主专政的新中国的创建，标志着近代以来中国面临的争取民族独立、人民解放这个历史任务的基本完成。（　　）

四、思考题

1. 抗战胜利后，国民党政府为什么会陷入全民的包围中并迅速走向崩溃？

2. 如何认识民主党派的历史作用？中国共产党领导的多党合作、政治协商的格局是怎样形成的？

3. 为什么说没有共产党就没有新中国？中国共产党领导的中国革命取得胜利的基本经验是什么？

第八章
社会主义基本制度在中国的确立

教学目的和要求： 通过本章学习，学生了解新民主主义社会是属于社会主义体系的、向社会主义过渡的社会，懂得中国共产党提出过渡时期总路线的必要性和正确性；掌握中国要实行国家工业化就必须走社会主义道路的原因，社会主义是历史和人民的正确选择；熟悉有中国特点的社会主义改造的基本经验，认识社会主义基本制度的确立为中国以后的一切进步和发展奠定了基础。

教学重点： 1. 新民主主义社会的性质；
2. 过渡时期的总路线；
3. 社会主义的三大改造。

教学难点： 新民主主义社会的性质。

一、单选题

1. 1949 年中华人民共和国成立，标志着中国进入了(　　)。

A. 社会主义社会　　B. 新民主主义社会
C. 资本主义社会　　D. 共产主义社会

2. 全国胜利并解决土地问题以后，中国的所有社会经济主要是三种成分，其中，既可以被引导着走向社会主义，又可以自发地走向资本主义的经济成分是(　　)。

A. 个体经济　　B. 国营经济
C. 合作社经济　　D. 国家资本主义经济

3. 没收官僚资本具有民主革命和社会主义革命双重性质。其具有社会主义革命的性质，是从(　　)。

A. 反对外国帝国主义附庸的意义上看

B. 反对中国大资产阶级的意义上看

C. 反对中国买办资产阶级的意义上看

D. 反对三座大山的经济基础的意义上看

4. 中国进入社会主义社会最主要的标志是(　　)。

A. 社会主义改造的基本完成

B. 新中国的成立

C. 第一部宪法的颁布

D. 全国人民第一次代表大会的召开

5. 1953 年 9 月，彭德怀在一份报告中指出，抗美援朝战争的胜利证明：西方侵略者几百年来只要在东方一个海岸上架起几尊大炮就可霸占一个国家的时代一去不复返了。这场战争的胜利(　　)。

A. 结束了西方列强霸权主义的历史

B. 打破了美国军队不可战胜的神话

C. 奠定了民族独立、人民解放的基础

D. 赢得了近代以来中华民族反抗外敌入侵的第一次完全胜利

6. 中华人民共和国成立初期，针对党政干部中存在的腐化问题，中国共产党开展了(　　)。

A. 三查运动　　B. 三反运动　　C. 五反运动　　D. 四清运动

7. 中国发展国民经济的第一个五年计划，把优先发展(　　)作为建设的中心环节。

A. 农业　　B. 轻工业　　C. 重工业　　D. 商业

8. 过渡时期总路线确定的国家的主要任务是(　　)。

A. 实现社会主义工业化

B. 完成社会主义改造

C. 实现对资本主义工商业的社会主义改造

D. 确立社会主义制度

9. 社会主义的基本(　　)制度建立起来，是中国进入社会主义社会的最主要标志。

A. 经济　　B. 政治　　C. 文化　　D. 政党

10. 对资本主义工商业进行社会主义改造，就是把民族资本主义工商业改造成为社会主义性质的企业，并对民族资产阶级实行(　　)政策。

A. 争取　　B. 赎买　　C. 利用　　D. 合作

11. 中国由新民主主义社会向社会主义社会过渡的时期是(　　)。

A. 从总路线提出到建成社会主义

B. 从中华人民共和国成立到社会主义改造基本完成

C. 从国民经济恢复到社会主义改造基本完成

D. 从解放战争的胜利到社会主义改造基本完成

12. 中国在由新民主主义社会向社会主义社会过渡的过程中，对生产资料私有制进行社会主义改造的目的是(　　)。

A. 消灭资本主义　　B. 恢复国家经济

C. 解放和发展生产力　　D. 建立国营经济

13. 我国长期是一个“万国汽车的展览馆”，先后进口和使用过 130 多种品牌的汽车。解放牌汽车试制成功，结束了我国不能生产汽车的历史，这是在(　　)。

A. 国民经济恢复时期　　B. 一五计划时期

C. 改革开放时期　　D. “文化大革命”时期

14. 在对资本主义工商业进行社会主义改造的过程中，当个别企业公私合营后，企业的利润实行(　　)。

A. 归国家所有　　B. “四马分肥”

C. 归企业所有　　D. 用于工人的工资

15. 资本主义工商业全行业公私合营后资本家领取的是(　　)。

A. 企业利润的 1/4　　B. 定息

C. 全部企业利润　　D. 和工人一样的工资

16. 我国二十世纪五十年代改造资本主义工商业的主要形式是(　　)。

A. 股份制　　B. 无偿没收　　C. 国家资本主义　　D. 合作化

17. 商业广告是促销的重要手段。据史料记载：中国现代意义上的广告起始于鸦片战争后，民国初年得到显著发展，1953 年后消失，1978 年末又重新出现。史料中，广告业消失的最主要原因是(　　)。

A. 经济困难，物资匮乏　　B. 企业热衷产品直销

C. 三大改造，政府取缔　　D. 国家实行计划经济

18. 中国进入社会主义初级阶段的标志是(　　)。

A. 中华人民共和国的成立　　B. 国民经济恢复

C. 社会主义改造的基本完成　　D. 确立过渡时期总路线

19. 工人阶级与资产阶级的矛盾作为我国社会主要矛盾存在的时间是(　　)。

A. 1919—1949 年　　B. 1949—1956 年

C. 1953—1956 年　　D. 1953—1978 年

20. 1953 年 10 月，毛泽东说："一般规律是经过互助组再到合作社，但是直接搞社，也可允许试一试。走直路，走得好，可以较快地搞起来，为什么不可以？可以的。"这一论述针对的是(　　)。

A. 资本主义工商业的社会主义改造

B. 土地改革运动

C. 个体农业的社会主义改造

D. 建立国营经济

21. 下列不属于中华人民共和国成立后中共中央提出过渡时期总路线的历史条件是(　　)。

A. 完成了民主革命遗留的历史任务

B. 巩固了人民民主专政

C. 恢复了国民经济

D. 完成了发展国民经济的第一个五年计划

22. 下列关于新中国成立之初新民主主义政权性质的论述，不正确的有(　　)。

A. 人民民主专政的任务是彻底完成新民主主义革命，巩固新生的国家政权

B. 这一政权是实行工人阶级领导的各革命阶级联合专政的人民民主专政

C. 在经济上实行的是五种经济成分并存的社会主义经济制度

D. 在文化上实行的是马克思主义指导下的新民主主义的文化

23. 下列几组词语，最能准确反映"过渡时期"这个特殊年代的是(　　)。

A. 工业化　抗美援朝　三大改造　　B. 一边倒　人民公社　另起炉灶

C. 大跃进　两弹一星　和平共处　　D. 合作化　求同存异　三个面向

24. 新民主主义社会中的社会主义因素不包括(　　)。

A. 国营经济

B. 民族资产阶级参加政权

C. 思想文化领域中马克思主义的指导地位

D. 中国共产党的政治领导

25. 我国社会主义改造中的创举是(　　)。

A. 农业合作化　　B. 对民族资产阶级实行赎买政策

C. 建立手工业合作社　　D. 没收官僚资本

26. 下列关于社会主义改造不正确的论述是(　　)。

A. 社会主义改造的基本完成标志着社会主义制度在中国的确立

B. 社会主义改造的基本完成使我国的阶级关系发生了重要变化

C. 社会主义改造的基本完成为中国的社会主义现代化建设奠定了重要基础

D. 社会主义改造的基本完成结束了中国半殖民地半封建社会的历史

27. (　　)实现了中国历史上最伟大最深刻的社会变革，开始了在社会主义道路上实现中华民族伟大复兴的历史征程。

A. 中华人民共和国的成立

B. 由新民主主义到社会主义的过渡

C. 新民主主义革命的胜利

D. 人民民主专政的确立

28. 我国农业合作化过程中建立的初级农业生产合作社的性质是(　　)。

A. 社会主义萌芽性质　　B. 完全社会主义性质

C. 半社会主义性质　　D. 新民主主义性质

29. “企业的私有制向社会主义所有制转变，这在世界上早就出现过，但采用这样一种和平方法，使全国工商界都兴高采烈来接受这种改变，则是史无前例的。”这句话中的“和平方法”指的是(　　)。

A. 实行股份制　　B. 廉价收购

C. 赎买政策　　D. 无偿没收

30. 春联的内容往往和社会的历史变迁相关，以下春联中能反映新中国成立后过渡时期历史情景的是(　　)。

A. “毛主席挥手指方向，合作化道路宽又广”

B. “食堂巧煮千家饭，公社饱暖万人心”

C. “过年只有两升米，压岁并无一分钱”

D. “粮补机补肥补助农民幸福，医保社保低保保百姓平安”

31. 二十世纪五十年代中期，上海的一位民主人士说：“对于我，失去的是我个人的一些剥削所得，它比起国家第一个五年计划的投资总额是多么渺小；得到的却是一个人人富裕、繁荣强盛的社会主义国家。”这指的是关于(　　)的问题。

A. 个体农业社会主义改造

B. 资本主义工商业社会主义改造

C. 个体手工业社会主义改造

D. 合作社经济社会主义改造

32. 1954 年 12 月，毛泽东在一次党内外人士座谈会上指出：政协仍有存在的必要，但是我们不能把政协搞成国家权力机关。这句话的主要背景是(　　)。

A. 第一个五年计划开始　　B. 过渡时期总路线确定

C. 人民代表大会制度确立　　D. 中共八大召开

33. (　　)年，中国共产党提出了过渡时期的总路线，开始制订和实施第一个五年计划。

A. 1951　　B. 1952　　C. 1953　　D. 1954

34. 1956 年，中国对资本主义工商业进行社会主义改造期间，某资本家担任某厂副厂长。一时间，工人议论纷纷。以下四种意见符合国家政策的是(　　)。

A. 他是资本家，怎么可以担任我们的副厂长

B. 资本家是要剥削的，我们一起把他拉下马

C. 工人阶级当家作主，他的话我们不听

D. 他懂业务，他说得对，我们还是要听的

35. 新民主主义社会的五种经济成分中，处于十字路口的经济成分是(　　)。

A. 社会主义经济　　B. 半社会主义性质的合作社经济

C. 个体经济　　D. 国家资本主义经济

36. 中华人民共和国成立后，毛泽东多次发表讲话，强调实现国家工业化

的重要性，他曾说：“没有工业，便没有巩固的国防，便没有人民的福利，便没有国家的富强。”与此同时，毛泽东也清醒地认识到实现国家工业化并不是一蹴而就的，而是需要一定的条件，其中，保证工业发展、实现国家工业化的必要条件是(　　)。

A. 社会主义性质的国营经济力量相对来说比较强大

B. 比较强大的国营经济力量

C. 国家资本主义经济有一定程度的发展

D. 对个体农业进行社会主义改造

37. 过渡时期总路线最显著的特点是(　　)。

A. 实现工业和农业手工业和资本主义工商业的社会主义改造

B. 实现生产关系的社会主义改造

C. 实现工业化

D. 社会主义建设与改造同时并举

38. 对农业进行社会主义改造的途径是(　　)。

A. 公私合营　　B. 合作化　　C. 国家资本主义　　D. 和平赎买

39. 中华人民共和国成立初期，国家对官僚资本采取的政策是(　　)。

A. 赎买　　B. 管制　　C. 没收　　D. 拍卖

40. 毛泽东提出：“在打倒地主阶级和官僚资产阶级以后，中国内部的主要矛盾即是工人阶级与民族资产阶级的矛盾，故不应再将民族资产阶级称为中间阶级”。毛泽东的以上论述发表于(　　)。

A. 社会主义改造基本完成后　　B. 新中国成立时

C. 民主革命遗留任务完成时　　D. 七届三中全会召开前夕

41. 中国历史上最深刻最伟大的社会变革，也是20世纪中国又一次划时代的历史巨变是(　　)。

A. 辛亥革命　　B. 新民主主义革命

C. 社会主义基本制度的确立　　D. 社会主义改革

42. 首次明确规定人民代表大会制度为我国根本政治制度的法律文件是(　　)。

A.《中国人民政治协商会议共同纲领》

B.《论十大关系》

C. 1954年《中华人民共和国宪法》

D. 1982 年《中华人民共和国宪法》

43. 1953 年中国共产党提出“一化三改”的过渡时期总路线，其中“一化”是指(　　)。

A. 社会主义现代化　　B. 农业合作化

C. 社会主义工业化　　D. 科学技术现代化

44. 新中国成立以后的最初三年，社会主义国营经济的主要组成部分来自(　　)。

A. 农业合作化　　B. 资本主义工商业的改造

C. 没收官僚资本　　D. 没收外国在华企业

45. 所谓农业合作化，就是在中国共产党领导下，通过各种互助合作的形式，把以生产资料私有制为基础的个体农业经济，改造为以生产资料公有制为基础的农业合作经济的过程。1953—1956 年，我国实行农业合作化的主要原因是(　　)。

A. 封建土地制度严重阻碍生产力发展

B. 小农经济难以满足国民经济发展的需要

C. 按苏联模式建设社会主义

D. 一些领导人片面强调公有化的作用

46. 新中国成立之初的“过渡时期”是指(　　)。

A. 从中华人民共和国成立到三大运动胜利

B. 从中华人民共和国成立到国民经济恢复

C. 从中华人民共和国成立到三大改造完成

D. 从中华人民共和国成立到一五计划完成

47. 中国民族资产阶级在社会主义改造时期仍然具有两面性，其表现为(　　)。

A. 革命性和妥协性

B. 主动性和被动性

C. 剥削工人的一面和接受改造的一面

D. 进步性和顽固性

48. 标志着社会主义制度在农村初步建立的事件是(　　)。

A. 1952 年，土地改革的完成

B. 1956 年，全国农业社会主义改造完成

C. 1958 年，开展人民公社化运动

D. 1978 年，实行家庭联产承包责任制

49. 1956 年底，社会主义制度在我国基本建立，这一结论的主要依据是(　　)。

A. 第一届全国人民代表大会召开　B. 社会主义政治制度确立

C. 第一个五年计划基本完成　D. 公有制经济占主导地位

50. 20 世纪 50 年代，我国推动国家政治民主建设的主要举措是(　　)。

A. 在工矿企业实行民主改革　B. 建立人民代表大会制度

C. 发动群众参加共产党的整风运动　D. 成立全国政协

51. 新中国成立初期，为恢复国民经济，振兴民族工业，中国共产党和人民政府采取的措施不包括(　　)。

A. 建立社会主义性质的国营经济　B. 接管私人资本主义企业

C. 合理调整工商业　D. 稳定物价统一财经

52. 从 1949 年 10 月 1 日中华人民共和国成立到 1956 年这七年，是(　　)。

A. 基本完成社会主义改造的时期　B. 旧民主主义革命时期

C. 新民主主义革命时期　D. 社会主义时期

53. 《中国人民政治协商会议共同纲领》第二十五条规定："对于国民政府与外国所订立的各项条款和协定，中华人民共和国中央人民政府加以审查，按其内容分别予以承认，或废除，或修改，或重订。"这一规定所体现的新中国的外交方针是(　　)。

A. "另起炉灶"　B. "打扫干净屋子再请客"

C. "一边倒"　D. "一大片"

54. 中华人民共和国成立后，中国社会开始了(　　)。

A. 从旧民主主义向新民主主义过渡

B. 从资本主义向社会主义过渡

C. 从新民主主义向社会主义过渡

D. 从社会主义向共产主义过渡

55. 中国在对资本主义工商业进行社会主义改造的过程中，在个别企业公私合营阶段，在利润分配上采取的政策是(　　)。

A. 统筹兼顾　B. 劳资两利　C. 公私兼顾　D. "四马分肥"

56. 中华人民共和国成立后的新民主主义社会属于(　　)。

A. 社会主义体系的过渡性质的社会

B. 资本主义体系的过渡性质的社会

C. 共产主义体系的过渡性质的社会

D. 民主主义体系的过渡性质的社会

57. 新民主主义社会不是一个独立的社会形态，而是由新民主主义转变到社会主义的过渡性的社会形态。新民主主义社会存在五种经济成分，其中，属于过渡形式的经济成分的是(　　)。

A. 国营经济和合作社经济

B. 私人资本主义经济和国家资本主义经济

C. 合作社经济和国家资本主义经济

D. 个体经济和合作社经济

58. 刘少奇在《关于中华人民共和国宪法草案的报告》中对新民主主义社会的性质作出过深刻论证，他指出："我们正处在建设社会主义社会的过渡时期。在我国，这个时期也叫做新民主主义时期，这个时期在经济上的特点，就是既有社会主义，又有资本主义。"新中国成立后的新民主主义社会属于(　　)。

A. 资本主义体系　　B. 社会主义体系

C. 半殖民地半封建体系　　D. 前社会主义体系

59. 《中共中央关于资本主义工商业改造问题的决议》中指出，"我们现在已经有了充分有利的条件和完全的必要把对资本主义工商业的改造推进到一个新的阶段……有偿地而不是无偿地，逐步地而不是突然地改变资产阶级的所有制。"根据这一指示，我国对资本主义工商业的社会主义改造的过程中，对全行业公私合营企业的具体和平赎买形式是(　　)。

A. 互助合作化　B. 定股定息　C. 国家资本主义　D. "四马分肥"

二、多选题

1. 中华人民共和国的成立，标志着(　　)。

A. 新民主主义革命已经取得基本胜利

B. 中国进入了社会主义社会

C. 中国进入了新民主主义社会

D. 中国开始由资本主义社会向社会主义社会过渡

2. 新中国改造资本主义工商业的政策有(　　)。

A. 利用　　B. 限制　　C. 改造　　D. 没收

3. 新中国对资本主义工商业的社会主义改造中，属于初级形式的国家资本主义有(　　)。

A. 加工订货　　B. 统购包销　　C. 公私合营　　D. 经销代销

4. 我国对私人资本主义工商业进行社会主义改造的高级形式是(　　)。

A. 委托加工　　B. 全行业公私合营

C. 统购包销、经销代销　　D. 个别企业公私合营

5. 中华人民共和国成立时，社会经济中的主要成分是(　　)。

A. 社会主义经济　　B. 个体经济

C. 合作社经济　　D. 私人资本主义经济

6. “这一年是我国实施第一个五年计划的第四年，也是我国农业、手工业和资本主义工商业的社会主义改造发展得最快和取得决定性胜利的一年，同时还是我国社会发生重大变化的一年。”下列对“这一年”理解正确的是(　　)。

A. 第一部《中华人民共和国宪法》颁布

B. 生产资料所有制形式发生根本性变化

C. 中国社会主要矛盾发生了变化

D. 中国社会性质发生根本性变化

7. 第一部《中华人民共和国宪法》(　　)。

A. 规定了国家的性质和根本政治制度

B. 民族区域自治制度

C. 体现了人民民主原则和社会主义原则

D. 规定了人民的权利和义务

8. 1951 年全国粮食产量比 1949 年增长 28%，1952 年比 1949 年增长 40%，超过抗战前最高粮食产量的 9%，据此可以得出的正确结论是(　　)。

A. 土地改革提高了农民的生产积极性

B. 土地改革使农业走上了社会主义道路

C. 土地改革加速了国民经济的恢复

D. 土地改革大大解放了农村生产力

9. 在农业合作化过程中，党和政府领导农民创造的过渡形式有(　　)。
A. 农业生产临时互助组　　B. 农业生产互助组
C. 初级农业生产合作社　　D. 高级农业生产合作社

10. 中国共产党在农业合作化时期的基本方针主要有(　　)。
A. 在中国的条件下，可以走先合作化、后机械化的道路
B. 实行积极发展、稳步前进、逐步过渡的方针
C. 坚持自愿和互利的原则
D. 要始终把是否增产作为衡量合作社是否办好的标准

11. 中国共产党在过渡时期的总路线是(　　)。
A. 逐步实现国家的社会主义工业化
B. 逐步实现对农业的社会主义改造
C. 逐步实现对手工业的社会主义改造
D. 逐步实现对资本主义工商业的社会主义改造

12. 在社会主义改造中，我国创造性地开辟了一条适合中国情况的对资本主义工商业进行社会主义改造的道路，主要有(　　)。
A. 用和平赎买的方法改造资本主义工商业
B. 采取从低级到高级的国家资本主义的过渡形式
C. 把资本主义工商业者改造成为自食其力的社会主义劳动者
D. 遵循自愿互利、典型示范和国家帮助的原则

13. 下列关于新民主主义社会主要特征的论述正确的有(　　)。
A. 经济上实行在国营经济领导下五种经济成分并存的制度
B. 政治上存在无产阶级与资产阶级、社会主义与资本主义的矛盾
C. 民族资产阶级作为一个阶级还存在，并参与国家政权建设
D. 新民主主义社会实行马克思主义指导下的新民主主义文化

14. 我国提出过渡时期总路线，具备的实现可能性有(　　)。
A. 我国已经有了相对强大和迅速发展的社会主义国营经济
B. 私营资本主义工商业愈来愈不适应大规模工业化建设的需要，国家在利用和限制资本主义工商业的过程中积累了初步的经验
C. 土地改革完成后，分散、脆弱的农业个体经济难以适应工业化的需求，也难以避免农村的两极分化，农村开始有了实行互助合作的实践
D. 苏联社会主义的发展已经显示出对于资本主义的优越性，对我国有重

要的榜样作用

15. 过渡时期总路线反映了中国社会由新民主主义走向社会主义的历史必然，因为(　　)。

A. 国家工业化是国家独立和富强的必要条件

B. 对非社会主义经济成分进行改造是实现工业化的需要

C. 要确立社会主义生产关系，解放和发展生产力

D. 战后社会主义和资本主义两大阵营的尖锐对立和新中国“一边倒”的外交方针

16. 毛泽东在《中国共产党第七届中央委员会第二次全体会议上的报告》中详尽地分析了新民主主义社会的经济状况和基本矛盾。中国进入新民主主义社会后还存在的基本矛盾是(　　)。

A. 新中国同帝国主义的矛盾

B. 地主阶级和农民阶级的矛盾

C. 工人阶级和资产阶级的矛盾

D. 人民日益增长的物质文化需要和落后的生产力之间的矛盾

17. 世界历史表明，实现国家的工业化主要有两条道路：一条是资本主义工业化的道路，一条是社会主义工业化的道路。毛泽东曾鲜明地指出，“资本主义道路也可增产，但时间要长，而且是痛苦的道路。”“只有社会主义能救中国。”近代以来的历史也表明了，资本主义工业化的道路在中国是走不通的，其主要原因在于(　　)。

A. 民族资本主义发展缓慢

B. 难以取得真正意义上的经济独立

C. 资本主义缺乏国家工业化战略

D. 经济落后国家无法发展资本主义

18. 美国学者费正清在其主编的《剑桥中华人民共和国史》中对我国1953年开始实施的第一个五年计划评价甚高，他说：“‘一五’计划相当成功……第一个五年计划具有决定性的加速作用……中国的经验也是成功的。”以下各项属于我国在第一个五年计划中取得的成就的是(　　)。

A. 成功爆炸第一颗原子弹

B. 鞍山、包头、武汉三大钢铁基地的建设取得重大进展

C. 第一座制造机床的沈阳机床厂建成投产

D. 第一颗人造地球卫星发射成功

19. 中共中央在《关于资本主义工商业改造问题的决议》中曾指出："我们对于资产阶级，第一是用赎买和国家资本主义的方法，有偿地而不是无偿地，逐步地而不是突然地改变资产阶级的所有制。"我国对资本主义工商业企业进行社会主义改造中，之所以要对民族资产阶级实行赎买政策，是因为(　　)。

A. 在一定时期利用资本主义工商业的积极作用

B. 有利于争取民族资产阶级及其知识分子，并减少他们接受社会主义改造的阻力

C. 对资产阶级实行赎买，这是马克思、恩格斯提出的设想

D. 中国民族资产阶级具有两面性

20. 1953年国家规定，个别企业的公私合营中，其利润分配依照"四马分肥"的方式，即将利润分为国家所得税、企业公积金、工人福利费、资方红利四个方面进行分配，在企业利润的分配中具有社会主义性质的部分是(　　)。

A. 工人福利费　　B. 股金红利

C. 国家所得税　　D. 企业公积金

21. 中华人民共和国的成立，宣告中国人民当家作主的时代已经到来，中国历史由此开辟了一个新纪元。中华人民共和国的成立，标志着(　　)。

A. 新民主主义革命取得基本的胜利

B. 新民主主义社会在全国范围内的建立

C. 半殖民地半封建社会的结束

D. 我国社会进入了从新民主主义到社会主义的过渡时期

22. 中华人民共和国成立后的最初三年，在着重完成民主革命的遗留任务的同时，社会主义革命的任务实际上也已经开始实行了，这主要表现在(　　)。

A. 没收官僚资本，确立社会主义国营经济的领导地位

B. 开始将资本主义纳入国家资本主义的轨道

C. 引导个体农民在土地改革后逐步走上互助合作的道路

D. 选择社会主义工业化道路

23. 下列关于新民主主义社会的说法正确的是(　　)。

A. 从新中国成立到社会主义改造完成，我国的社会性质是新民主主义社会

B. 它是独立的社会形态

C. 它属于资本主义体系

D. 它具有过渡性质

24. 新民主主义社会的基本矛盾是(　　)。

A. 国际上是新中国同帝国主义的矛盾

B. 封建主义和人民大众的矛盾

C. 国内是工人阶级和资产阶级的矛盾

D. 帝国主义和封建主义的矛盾

25. 有中国特点的农业互助合作道路所采取的组织形式有(　　)。

A. 互助组　　B. 初级农业生产合作社

C. 高级农业生产合作社　　D. 人民公社

26. “一五”计划实施期间，我国同时完成了(　　)。

A. 对知识分子的社会主义改造

B. 对农业的社会主义改造

C. 对手工业的社会主义改造

D. 对资本主义工商业的社会主义改造

27. 1952 年党中央在酝酿过渡时期总路线时，毛泽东把实现向社会主义转变的设想，由“先搞工业化建设”再一举过渡，改变为“建设和改造同时并举，逐步过渡”，这一改变的原因和条件是(　　)。

A. 我国社会主义经济因素的不断增长和对资本主义经济的限制

B. 为了确定我国工业化建设的社会主义方向

C. 我国工业化建设取得了重大成就

D. 民主革命的遗留任务已经完成

28. 1954 年 9 月，第一届全国人民代表大会第一次会议在北京召开，标志着人民代表大会制度在全国范围内建立起来。人民代表大会制度是中国人民当家作主的根本政治制度，这一制度是(　　)。

A. 中国共产党把马克思主义与中国实际相结合的伟大创造

B. 中国共产党带领全国人民长期奋斗的重要成果

C. 全国各族人民的共同利益和共同愿望的反映

D. 近代以来中国社会发展的必然选择

29. 新中国成立初期，也面临着许多严重的困难和一些紧迫的问题。这对于刚刚执掌全国政权的中国共产党来说，是新的严峻的考验。这些问题主要是(　　)。

A. 能不能保卫住人民胜利的成果，巩固新生的人民政权

B. 能不能战胜严重的经济困难，迅速恢复和发展国民经济

C. 能不能巩固民族独立，维护国家主权和安全

D. 能不能经受住执政的考验

30. 1951 年底到 1952 年，我国开展的“三反”运动的内容是(　　)。

A. 反贪污　　B. 反浪费　　C. 反官僚主义　　D. 反冒险主义

31. 新中国成立初期，中国共产党提出的外交方针包括(　　)。

A. 另起炉灶　　B. 打扫干净屋子再请客

C. 一边倒　　D. 孤立主义

32. 新中国成立后，没收官僚资本的工作在全国范围展开。没收官僚资本具有的双重性质是(　　)。

A. 具有民主革命的性质　　B. 具有社会主义革命的性质

C. 具有资本主义的性质　　D. 具有封建主义的性质

33. 中国共产党过渡时期总路线的内容是(　　)。

A. 逐步实现国家的社会主义工业化

B. 逐步实现国家对农业的社会主义改造

C. 逐步实现国家对手工业的社会主义改造

D. 逐步实现国家对资本主义工商业的社会主义改造

34. 开展土地革命，就是要消灭封建地主的土地私有制，实行农民土地私有制。下列关于土地革命的说法正确的是(　　)。

A. 土地革命是从根本上摧毁中国封建制度根基的社会大变革

B. 1928 年 12 月毛泽东在井冈山主持制定中国共产党历史上第一个土地法

C. 1931 年毛泽东和邓子恢等制定了土地革命中的阶级路线和土地分配方法

D. 1947 年中国共产党制定《中国土地法大纲》

35. 有人形象地说：“南京既是中国近代史的起点，又是中国近代史的终点。”下列能够反映这种说法的两个历史片断是(　　)。

A. 1842 年 8 月 29 日，英国侵略者强迫清政府在南京江面的英舰上签订中国近代史上第一个不平等条约——《南京条约》

B. 洪秀全在南京颁布《天朝田亩制度》

C. 孙中山在南京主持中华民国临时政府第一次国务会议

D. 1949 年 4 月 23 日，人民解放军占领南京，宣告延续了 22 年之久的国民党反动统治的覆灭

36. 下列成就属于我国“一五”计划期间取得的是(　　)。

A. 武汉长江大桥建成　　B. “东方红一号”卫星发射成功

C. 长春第一汽车制造厂建成　　D. 第一颗原子弹爆炸成功

37. 中国共产党团结带领中国人民进行 28 年浴血奋战，打败日本帝国主义，推翻国民党反动统治，完成新民主主义革命，建立了中华人民共和国。这一伟大历史贡献实现了中国从几千年封建专制政治向人民民主的伟大飞跃。这一伟大历史贡献的意义还有(　　)。

A. 彻底结束了旧中国半殖民地半封建社会的历史

B. 彻底结束了旧中国一盘散沙的局面

C. 彻底废除了列强强加给中国的不平等条约和帝国主义在中国的一切特权

D. 彻底改变了中国一穷二白的落后面貌

38. 1953 年，学者对党在过渡时期的总路线有一种通俗的解释：“好比一只鸟，它要有一个主体，这就是发展社会主义工业；它又要有一双翅膀……”这双“翅膀”是(　　)

A. 没收官僚资本主义工矿企业　　B. 私营工商业的社会主义改造

C. 对手工业的社会主义改造　　D. 对农业的社会主义改造

39. 1956 年，我们党团结带领中国人民完成了社会主义革命，确立了社会主义基本制度，消灭了一切剥削制度，推进了社会主义建设。这是中国共产党的伟大历史贡献之一，其历史意义在于(　　)。

A. 完成了中华民族有史以来最为广泛而深刻的社会变革

B. 为当代中国一切发展进步奠定了根本政治前提和制度基础

C. 为中国发展富强、中国人民生活富裕奠定了坚实基础

D. 实现了中华民族由不断衰落到根本扭转命运、持续走向繁荣富强的伟大飞跃

40. 我国的社会主义改造是一场伟大的社会变革，但是在改造过程中也出现了一些偏差，遗留了一些问题，具体表现在(　　)。

A. 所有制结构过于简单，在社会主义公有制已居于绝对统治地位的条件下，没有有限度地保留一部分有益于国计民生的个体经济和私营经济

B. 高度集中的计划经济体制也随之扩大到整个社会经济生活
C. 在一定程度上排斥了商品经济和市场机制的正常运行
D. 要求过急，发展过快，工作过粗，改造形式过于简单划一

三、判断题

1. 新中国成立初期的国家资本主义经济是在人民政府管理之下的，用各种形式和国营社会主义经济联系着的，并受工人监督的资本主义经济。（　　）

2. 新中国成立初期的半社会主义性质的合作社经济是个体经济向社会主义集体经济过渡的形式。（　　）

3. 新中国成立初期的国家资本主义经济是私人资本主义经济向国营经济过渡的形式。（　　）

4. 第一个五年计划，为中国的工业化奠定了初步的坚实基础。（　　）

5. 我国社会主义改造过程中，手工业合作化的组织形式是由手工业生产合作小组、手工业供销合作社到手工业生产合作社。（　　）

6. 社会主义改造是围绕社会主义工业化建设的任务进行的。（　　）

7. 新中国没收官僚资本，既具有民主革命的性质，又具有社会主义革命的性质。（　　）

8. 社会主义改造的胜利，为中国全面进行社会主义建设奠定了基础。（　　）

9. 人民政府接管的官僚资本主义企业是新中国成立初期国营经济的主要组成部分。（　　）

10. 我国对个体农业．手工业和资本主义工商业进行改造的实质是变革生产关系的社会主义革命。（　　）

11. 1952 年 6 月，毛泽东指出不应再把民族资产阶级称为中间阶级，其依据是全国范围内的土地改革基本完成。（　　）

12. 党在过渡时期总路线的主要内容被概括为“一化三改”，其中“一化”是指社会主义现代化。（　　）

13. 中国是在没有实现工业化的情况下进入社会主义的。（　）

14. 1954 年以后，中国人民政治协商会议不再代行全国人民代表大会的职权。（　）

15. 中华人民共和国的成立和社会主义制度的建立，是二十世纪中国人民在前进道路上的第一次历史性巨变。（　）

16. 对农业和手工业的社会主义改造是通过合作化运动实现的。（　）

17. 在我国资本主义工商业改造的过程中，资本家在接受改造方面没有起配合作用。（　）

18. 我国的农业合作化工作过粗，形式简单，所以在总体上说是不成功的。（　）

19. 我国社会主义改造是伟大的历史性胜利，因此不存在缺点和偏差。（　）

20. 新中国成立后，中国进入新民主主义社会。（　）

21. 新民主主义社会在经济上的特点，是既有社会主义，又有资本主义。（　）

22. 中华人民共和国的成立，标志着半殖民地半封建社会的结束和社会主义社会在全国范围内建立。（　）

23. 中华人民共和国的成立，标志着新民主主义革命阶段的基本结束和社会主义革命阶段的开始。（　）

24. 新民主主义社会是属于资本主义性质的社会。（　）

25. 新民主主义社会是属于社会主义体系的和逐步过渡到社会主义社会中去的过渡性质的社会。（　）

26. 中国共产党领导的革命，包括旧民主主义革命和新民主主义革命两个阶段。（　）

27. 从新民主主义向社会主义过渡，我国是先实现社会主义工业化，然后进行社会主义改造。（　）

28. 1956 年，随着社会主义改造的基本完成，社会主义基本经济制度在中国建立起来了。（　）

29. 1949 年中华人民共和国的成立，标志着中国基本实现了民族独立和人民解放。 （ ）

30. 从 1953 年开始的第一个五年计划，把优先发展轻工业作为建设的中心环节。 （ ）

31. 新中国成立后，我国对民族资本主义工商业的社会主义改造是通过赎买政策实现的。 （ ）

32. 新民主主义社会基本矛盾：国际上是新中国同帝国主义的矛盾，国内是工人阶级和资产阶级的矛盾。 （ ）

33. 全国范围内土地改革基本完成后，民族资产阶级仍然是“中间阶级”。 （ ）

34. 1953 年，新中国提出有系统地进行社会主义改造，同时也开始进行有计划的社会主义建设。 （ ）

35. 中国的资产阶级包括三个部分，即官僚资产阶级、民族资产阶级和小资产阶级。 （ ）

36. 1954 年 9 月，中华人民共和国第一届全国人民代表大会第一次会议在北京召开，大会讨论并通过了《中华人民共和国宪法》，这成为新中国民主政治建设发展历程中具有标志性的事件。 （ ）

37. 1954 年 9 月，中华人民共和国第一届全国人民代表大会第一次会议召开，这是中国进入社会主义社会的最主要的标志。 （ ）

38. 抗美援朝战争的胜利，打破了美国军队不可战胜的神话。 （ ）

39. 对资本主义工商业的社会主义改造是通过合作化运动实现的。 （ ）

四、思考题

1. 为什么说新民主主义社会是一个过渡性的社会？

2. 怎样理解社会主义制度在中国的确立是历史和人民的选择？

3. 为什么说完成社会主义改造是中国历史上最伟大最深刻的社会变革？

第九章
社会主义建设在探索中曲折发展

教学目的和要求： 通过本章学习，学生了解以毛泽东为代表的中国共产党第一代领导集体在探索社会主义建设中取得的主要成就及所犯的主要错误。正确分析所犯错误，尤其是“文化大革命”的性质、原因和教训。正确对待社会主义发展过程中出现的曲折问题，坚信社会主义必胜。培养学生对重要历史人物进行客观评价的能力。

教学重点： 1. 如何认识全面建设社会主义的开端？

2. 如何认识探索社会主义建设过程中的曲折？

3. 为什么说毛泽东是探索社会主义建设道路的开创者？

教学难点： 如何正确认识和评价毛泽东的历史地位？

一、单选题

1. 社会主义基本制度的全面确立是在(　　)。

A. 1949 年　B. 1956 年　C. 1976 年　D. 1978 年

2. 1956 年 2 月召开的进一步暴露苏联在社会主义建设中存在缺点和错误的大会是(　　)。

A. 苏共十大　B. 苏共十五大

C. 苏共二十大　D. 苏共二十二大

3. 1956 年 4—5 月，毛泽东在中央政治局扩大会议和最高国务会议上作的报告是(　　)。

A. 《论联合政府》

B. 《论人民民主专政》

C.《论十大关系》

D.《关于正确处理人民内部矛盾的问题》

4. 1956 年毛泽东提出处理中国共产党与民主党派关系要坚持的方针是(　　)。

A.“合作发展，共同进步”　　B.“联合执政，充分民主”

C.“肝胆相照，荣辱与共”　　D.“长期共存，互相监督”

5. 1956 年 9 月，中共八大确定的社会主义改造完成之后中国社会的主要矛盾是(　　)。

A. 工人阶级和资产阶级的矛盾

B. 封建主义和人民大众的矛盾

C. 人民对于经济文化迅速发展的需要同当前经济文化不能满足人民需要之间的矛盾

D. 人民日益增长的物质文化需要同落后的社会生产之间的矛盾

6. 1956 年 9 月，中共八大确定的经济建设的方针是(　　)。

A. 在综合平衡中稳步前进　　B. 在加速发展中前进

C. 坚决反对“左”倾冒进　　D. 跨越式发展

7. 毛泽东认为，在社会主义社会中，基本的矛盾仍然是(　　)。

A. 理论和实践、计划和生产之间的矛盾

B. 生产关系和生产力之间的矛盾、上层建筑和经济基础之间的矛盾

C. 经济和文化、物质和精神之间的矛盾

D. 革命和建设、改革和稳定之间的矛盾

8. 1957 年 2 月，毛泽东在扩大的最高国务会议上发表的讲话是(　　)。

A.《论持久战》

B.《新民主主义论》

C.《论十大关系》

D.《关于正确处理人民内部矛盾的问题》

9. 人民公社实行“政社合一”的体制，其基本特点被概括为(　　)。

A.“一平二调”　B. 统筹兼顾　C. 公私兼顾　D.“一大二公”

10. 在 1959 年的庐山会议上，受到错误批判的党和国家领导人是(　　)。

A. 刘少奇　　B. 邓小平　　C. 彭德怀　　D. 林彪

11. 1961 年 1 月，中共八届九中全会决定对国民经济实行调整的八字方针是(　　)。

A. “调整、稳定、发展、提高”　　B. “改革、稳定、充实、完善”
C. “调整、巩固、充实、提高”　　D. “改革、发展、创新、提高”

12. 1962 年初召开的，在三年调整时期具有关键作用的扩大的中央工作会议被习惯地称为(　　)。

A. “七千人大会”　　B. 西湖会议
C. 南宁会议　　D. 广州会议

13. 标志着毛泽东把社会主义社会中一定范围内存在的阶级斗争扩大化和绝对化，后来发展成为“以阶级斗争为纲”的会议是(　　)。

A. 中共七届二中全会　　B. 中共七届三中全会
C. 中共八届十中全会　　D. 中共九届三中全会

14. 1963—1965 年，中共中央领导开展了旨在解决干部作风和经济管理等方面问题的运动是(　　)。

A. 知识分子的思想改造运动　　B. 城乡社会主义教育运动
C. 意识形态领域的批判运动　　D. 革命文化思想宣传运动

15. 毛泽东发动“文化大革命”的主要理论基础是(　　)。

A. 无产阶级专政下继续革命的理论 B. 新民主主义革命的理论
C. 社会主义改造的理论　　D. 人民群众的社会实践理论

16. 1965 年 11 月，“文化大革命”的导火线是(　　)。

A. 《中国共产党中央委员会关于无产阶级文化大革命的决定》的发表
B. 《评新编历史剧〈海瑞罢官〉》的发表
C. 社会主义教育运动
D. 以阶级斗争为纲理论的提出

17. 1966 年 8 月 1 日至 12 日，中共八届十一中全会制定并通过的决定是(　　)。

A. 《中共中央通知》
B. 《关于建国以来党的若干历史问题的决议》
C. 《关于无产阶级文化大革命的决定》

D.《关于经济体制改革的决定》

18. 1966 年 5 月召开的政治局扩大会议决定设立的，实际上凌驾于中央政治局之上的组织是(　　)。

A. “三支两军”　　B. “斗批改”小组

C. “中央文化革命小组”　　D. “揪刘（刘少奇）火线”

19. 1967 年 2 月中旬，谭震林、陈毅、叶剑英、李富春、李先念等对“文化大革命”的错误做法提出强烈的批评，这次抗争被诬称为(　　)。

A. “二月逆流”　　B. 右倾主义

C. 官僚主义　　D. 资产阶级司令部

20. 林彪反革命集团阴谋夺取最高权力、策动反革命武装政变的事件，客观上宣告了(　　)。

A. “文化大革命”取得重要成果

B. “文化大革命”的理论和实践的失败

C. 反对党内“走资派”的失败

D. 资产阶级司令部的破灭

21. 从 1974 年初开始，江青等人把矛头指向周恩来的批判运动被称之为(　　)。

A. “一月风暴”　　B. “批林批孔”运动

C. “批周”运动　　D. 反右运动

22. 1975 年 1 月，周恩来在四届人大的政府工作报告中重申的宏伟蓝图是(　　)。

A. 实现人民民主　　B. 实现科技强国

C. 实现社会主义现代化　　D. 实现四个现代化

23. 毛泽东不能容忍邓小平系统地纠正“文化大革命”的错误，在 1975 年底发动了(　　)。

A. 反修防修教育运动　　B. 反对“左”倾机会主义运动

C. “批邓、反击右倾翻案风”运动　D. 维护“文化大革命”运动

24. 1976 年清明节前后，爆发了悼念周恩来、反对“四人帮”的运动，被称之为(　　)。

A. “一月风暴”　　B. 反对“组阁”运动

C. 北京事变　　D. 天安门事件

25. 从1952年到1978年，工农业总产值年平均增长率为(　　)。

A. 8.2%　　B. 10.2%　　C. 5.2%　　D. 6.2%

26. 1956—1978年，我国最大的建设成就是(　　)。

A. 初步建立了体系完整的基础设施

B. 已经建立了社会主义现代化国家

C. 初步建立了国防工业体系

D. 基本建立了独立的、比较完整的工业体系和国民经济体系

27. 1964年，在周恩来总理的直接领导下，成功排演的大型音乐舞蹈史诗是(　　)。

A. 《红灯记》　　B. 《东方红》　　C. 《沙家浜》　　D. 《杜鹃山》

28. 新中国高度重视发展体育事业，提出的指导方针是(　　)。

A. “发展体育运动，扩大国际交流”

B. “发展体育运动，增强人民体质”

C. “积极参与比赛，增强人民体质”

D. “友谊第一，比赛第二”

29. 新中国在尖端科学技术领域取得一系列重要的成就，1964年10月取得的成就是(　　)。

A. 爆炸了第一颗原子弹　　B. 爆炸了第一颗氢弹

C. 第一枚中远程导弹发射成功　　D. 第一颗人造地球卫星发射成功

30. 新中国在联合国获得合法席位的时间是(　　)。

A. 1965年10月　　B. 1971年10月　　C. 1974年2月　　D. 1978年5月

31. 1956年，中共中央召开关于知识分子问题的会议，动员全党和全国人民特别是广大知识分子“向现代科学进军”，周恩来指出知识分子中的绝大部分已经是(　　)。

A. 资产阶级知识分子　　B. 小资产阶级知识分子

C. 劳动人民的知识分子　　D. 领导阶级

32. 1956年4月召开的中央书记处会议上，毛泽东提出了(　　)的任务。

A. 马克思主义与中国实际的第一次结合

B. 马克思主义与中国实际的第二次结合

C. 向现代科学进军

D. 全面开展社会主义建设

33. 1956 年毛泽东作的《论十大关系》的报告，是探索中国特色社会主义建设道路的重要理论成果。《论十大关系》围绕的基本方针是(　　)。

A. 中国共产党同民主党派长期共存、互相监督

B. 坚持百花齐放、百家争鸣

C. 调动一切积极因素，把我国建设成为一个强大的社会主义国家

D. 调整、巩固、充实、提高

34. 1956 年 9 月，党的八大提出的我国国内的主要矛盾是(　　)。

A. 无产阶级同资产阶级的矛盾

B. 人民大众同反革命残余势力的矛盾

C. 开展社会主义道路与资本主义道路的决战

D. 人民对于经济文化迅速发展的需要同当前经济文化不能满足人民需要的状况之间的矛盾

35. 中共八大提出的我国经济建设方针是(　　)。

A. 大干快上，超英赶美

B. 慢一点、稳一点

C. 力争高速度压倒一切

D. 既反保守又反冒进，在综合平衡中稳步前进

36. 生产资料的社会主义改造完成以后，国家政治生活的主题是(　　)。

A. 进行政治体制改革和经济体制改革　　B. 坚持四项基本原则

C. 正确处理人民内部矛盾　　D. 开展阶级斗争

37. 毛泽东在《关于正确处理人民内部矛盾的问题》中提出解决社会主义社会基本矛盾的途径是(　　)。

A. 进行新民主主义革命

B. 进行社会主义改造

C. 依靠社会主义制度本身的自我调整和自我完善

D. 进行无产阶级专政下的继续革命

38. 正式宣布在较短的时期内，把我国建设成为具有现代工业、现代农业、现代国防和现代科学技术的社会主义强国的会议是(　　)。

A. 中国人民政治协商会议第一次会议

B. 第一届全国人民代表大会

C. 中共八大

D. 第三届全国人民代表大会

39. 1957 年 4 月 27 日，中共中央下发《关于整风运动的指示》，指出：由于党在全国范围内处于执政地位，有必要在全党进行一次整风运动，这次整风运动的主要内容是(　　)。

A. 反对主观主义、宗派主义、党八股

B. 反贪污、反浪费、反对官僚主义

C. 反对党内走资本主义道路的当权派

D. 反对官僚主义、宗派主义、主观主义

40. 毛泽东第一次系统阐述社会主义社会矛盾问题的著作是(　　)。

A. 《矛盾论》

B. 《论十大关系》

C. 《关于正确处理人民内部矛盾的问题》

D. 《论人民民主专政》

41. 苏联开始暴露他们在社会主义建设中的一些缺点和错误是在(　　)。

A. 1953 年斯大林逝世后　　B. 赫鲁晓夫上台后

C. 苏共二十大　　D. 我国社会主义改造完成之时

42. 社会主义社会基本矛盾的性质是(　　)。

A. 对抗性质的　　B. 阶级之间的矛盾

C. 必须用暴力加以解决　　D. 是非对抗性的

43. 决定对国民经济实行“调整、巩固、充实、提高”八字方针的会议是(　　)。

A. 八届六中全会　　B. 庐山会议

C. 八届九中全会　　D. 七千人大会

44. 中国从开始全面建设社会主义以来，虽然经历过严重的曲折，但还是取得了重大而显著的成就，其中该时期最大的建设成就是(　　)。

A. 国际地位得到提高与国际环境得到改善

B. 人民生活水平的提高和文化、医疗、科技事业的发展

C. 独立的、比较完整的工业体系和国民经济体系的基本建立

D. 在探索中形成了建设社会主义的若干重要原则

45. 经济工作和其他一切工作的生命线是(　　)。

A. 技术工作　　B. 思想政治工作

C. 群众工作　　D. 组织工作

46. 以毛泽东为代表的中国共产党人开始探索中国自己的社会主义建设道路的标志是(　　)。

A. 1956 年 1 月召开的最高国务会议

B. 《论十大关系》的发表

C. 中共八大的召开

D. 《关于正确处理人民内部矛盾的问题》的发表

47. 由毛泽东主持起草，确定以生产队为基本核算单位，贯彻按劳分配原则，废除供给制，停办公共食堂的文件是(　　)。

A. 《关于人民公社的十八个问题》

B. 《十年总结》

C. 《农村人民公社条例（草案)》

D. 《关于农村人民公社当前政策的紧急指示信》

48. 1975 年邓小平推动对党和国家各项工作进行全面整顿，其中，经济工作的整顿首先是从(　　)展开的。

A. 军队　　B. 交通运输　　C. 工业领域　　D. 农业领域

49. 在 1956 年 1 月召开的知识分子问题会议上，周恩来对知识分子阶级属性的表述是(　　)。

A. 民族资产阶级

B. 小资产阶级

C. 知识分子中的绝大部分已经是工人阶级的一部分

D. 社会中间派

50. 毛泽东最早改变八大决议中关于国内主要矛盾变化的正确分析，认为“无产阶级与资产阶级、社会主义道路与资本主义道路是主要矛盾”的会议是(　　)。

A. 1957 年召开的八届三中全会

B. 1958 年召开的八大二次会议

C. 1959 年召开的庐山会议

D. 1962 年召开的八届十中全会

51. 以毛泽东为主要代表的中国共产党人在创建新中国和探索适合中国情况的社会主义建设道路的过程中，逐步形成了建设社会主义的若干重要原则，其中作为国家政治生活主题的重要原则是(　　)。

A. 处理好中国共产党同各民主党派的关系

B. 正确处理人民内部矛盾

C. 正确解决好综合平衡的问题

D. 处理好生产和生活的问题

52. 毛泽东提出“我们的目标，是想造成一个又有集中又有民主，又有纪律又有自由，又有统一意志，又有个人心情舒畅、生动活泼，那样一种政治局面”的思想是在(　　)。

A.《论十大关系》

B.《关于正确处理人们内部矛盾的问题》

C. 中共八大

D.《一九五七年夏季的形势》

二、多选题

1. 1956 年 1 月，中共中央召开关于知识分子问题的会议，提出(　　)。

A. “向现代科学进军”的口号

B. 知识分子的绝大部分已经是工人阶级的一部分

C. 要更加充分地发展科学和利用科学技术

D. 制定科学技术发展远景规划

2. 1956 年 4 月，毛泽东提出促进文化繁荣和科学进步的指导方针是(　　)。

A. 艺术问题上的百花齐放

B. 思想问题上的百家争鸣

C. 文化问题上的百花齐放

D. 学术问题上的百家争鸣

3. 1956 年 9 月，中国共产党第八次全国代表大会的重要议程有(　　)。

A. 毛泽东致开幕词

B. 刘少奇作政治报告

C. 周恩来作关于发展国民经济第二个五年计划建议的报告

D. 邓小平作关于修改党章的报告

4. 在中共八大的发言中，陈云提出的“三个主体，三个补充”的思想是(　　)。

A. 国家经营和集体经营是主体，一定数量的个体经营为补充

B. 计划生产是主体，一定范围的自由生产为补充

C. 国家管理为主体，地方管理为补充

D. 国家市场是主体，一定范围的自由市场为补充

5. 毛泽东在《关于正确处理人民内部矛盾的问题》的讲话中提出解决人民内部矛盾的方法主要有(　　)。

A. 民主的方法　　B. 说服的方法

C. 教育的方法　　D. “团结—批评—团结”的方法

6. 1957 年 4 月 27 日，中共中央下发《关于整风运动的指示》，提出整风运动的内容是(　　)。

A. 反对官僚主义　　B. 反对专制主义

C. 反对宗派主义　　D. 反对主观主义

7. 大跃进和人民公社化运动中，“左”倾错误严重泛滥的主要标志是(　　)。

A. 高指标　　B. 瞎指挥　　C. 浮夸风　　D. “共产风”

8. 20 世纪 50 年代末期，毛泽东坚持并大力宣传的“三面红旗”是指(　　)。

A. 总路线　　B. 合作化　　C. “大跃进”　　D. 人民公社

9. 毛泽东发动“文化大革命”的主观愿望是(　　)。

A. 抵御帝国主义的“和平演变”

B. 防止国内资本主义复辟

C. 消除官僚主义和特权思想

D. 推动群众参与国家事务的监督和管理

10. 中共九大闭幕后，按照毛泽东的部署，全国开展了“斗、批、改”运动，具体内容是(　　)。

A. 斗“走资本主义道路的当权派”　B. 斗“左倾机会主义”

C. 批“反动学术权威”　　D. 改革不合理的规章制度

11. 在毛泽东指导下制定的文学艺术工作的方针是(　　)。

A. 古为今用　B. 洋为中用　C. 百花齐放　D. 推陈出新

12. 中国共产党第十次全国代表大会召开前后，在中央政治局内结成“四人帮”的是(　　)。

A. 江青　B. 张春桥　C. 姚文元　D. 王洪文

13. 在社会主义民主政治建设方面，毛泽东提出要造成的生动活泼的政治局面是(　　)。

A. 又有集中又有民主

B. 又有纪律又有自由

C. 又有统一意志又有个人心情舒畅、生动活泼

D. 又有法制又有道德

14. 毛泽东在《关于正确处理人民内部矛盾的问题》中认为社会主义社会两类不同性质的矛盾是(　　)。

A. 敌我矛盾　B. 生产力和生产关系的矛盾

C. 上层建筑和经济基础的矛盾　D. 人民内部矛盾

15. 在探索社会主义建设道路的初期，以毛泽东为代表的党的第一代领导集体在国家经济发展方面提出的思想有(　　)。

A. 划分中央和地方的管理职权，使企业享有适当的自主权

B. “三个主体，三个补充”的思想

C. 可以消灭了资本主义，又搞资本主义

D. 要实行以农业为基础，以工业为主导的方针，正确处理重工业、轻工业、农业的关系

16. 1958 年中共八大二次会议通过的社会主义建设总路线的表述是(　　)。

A. 鼓足干劲　B. 力争上游

C. 多快好省地建设社会主义　D. 在综合平衡中稳步前进

17. 以毛泽东为主要代表的中国共产党人在创建新中国和探索适合中国国情的社会主义建设道路过程中，形成的建设社会主义的若干原则包括(　　)。

A. 社会主义可以分为不发达的社会主义和比较发达的社会主义两个阶段

B. 提出四个现代化的战略目标

C. 正确处理重工业、轻工业、农业的关系

D. 与各民主党派坚持长期共存、互相监督

18. 20 世纪 60 年代提出了我国社会主义现代化建设的战略目标，并提出了分两步走的发展战略，这两步走是指(　　)。

A. 第一步，建立一个独立的比较完整的工业体系和国民经济体系

B. 第二步，全面实现农业、工业、国防和科学技术的现代化

C. 不发达的社会主义

D. 比较发达的社会主义

19. 毛泽东说："最近苏联方面暴露了我们在建设社会主义过程中的一些缺点和错误，他们走过的弯路，你还想走？过去我们就是鉴于他们的经验教训，少走了一些弯路，现在当然更要引以为戒。"这表明(　　)。

A. 中国的社会主义建设必须走自己的道路

B. 毛泽东开始探索适合中国情况的社会主义建设道路

C. 中国在经济建设上已经突破苏联模式的束缚

D. 探索中国社会主义建设道路，必须实行马克思主义同中国实际的"第二次结合"

20. 1957 年 2 月，毛泽东在扩大的最高国务会议上发表《关于正确处理人民内部矛盾的问题》的讲话，指出社会主义改造基本完成后，正确处理人民内部矛盾的方针是(　　)。

A. "统筹兼顾，适当安排"　　B. "团结—批评—团结"

C. "百花齐放，百家争鸣"　　D. "长期共存、互相监督"

21. 1957 年 6 月 8 日，《人民日报》发表题为《这是为什么?》的社论，随后一场全国规模的群众性反右派运动全面展开。1957 年的反右派运动(　　)。

A. 把反右派斗争严重地扩大化了

B. 对极少数右派分子的进攻实行坚决反击，是完全正确的和必要的

C. 是中共八大路线的继续和发展

D. 是党对建设社会主义的正确探索

22. 毛泽东回顾说："前八年照抄外国的经验。但从 1956 年提出十大关系起，开始找到自己的一条适合中国的路线。"毛泽东高度评价《论十大关系》，是因为它(　　)。

A. 正确分析了社会主义改造完成后中国社会的主要矛盾和主要任务

B. 是中国共产党人开始探索中国自己的社会主义建设道路的标志

C. 总结经济建设的初步经验，借鉴苏联建设的经验教训，概括提出了十大关系

D. 提出了“三个主体，三个补充”的思想

23. 毛泽东曾说：“现在春天来了嘛，一百种花都让它开放，不要只让几种花开放，还有几种花不让它开放，这就叫百花齐放。”这表明毛泽东认为(　　)。

A. 科学文化领域应该实行“百花齐放，百家争鸣”的方针

B. 文学艺术和学术思想可以自由发表

C. 思想言论自由，各种思想都可以自由传播

D. 坚持百花齐放对社会主义发展有利

24. “1966 年 5 月至 1976 年 10 月的‘文化大革命’，使党、国家和人民遭受严重的挫折和损失。”然而，尽管经历过这样的曲折，党和国家仍取得了一些重大成就，下列成就是在“文化大革命”期间取得的有(　　)。

A. 第一颗原子弹爆炸成功　　B. 中国恢复了在联合国的合法席位

C. 第一颗氢弹爆炸成功　　D. 第一颗人造地球卫星发射成功

25. 在社会主义发展阶段问题上，毛泽东提出：“社会主义这个阶段，又可能分为两个阶段……后一阶段可能比前一阶段需要更长的时间。”毛泽东所指社会主义的两个阶段是(　　)。

A. 社会主义初级阶段　　B. 社会主义高级阶段

C. 不发达社会主义阶段　　D. 比较发达社会主义阶段

26. 毛泽东在《关于正确处理人民内部矛盾的问题》中认为矛盾是普遍存在的。在社会主义社会中，基本矛盾是(　　)。

A. 人民日益增长的物质文化生活的需要同落后的社会生产力之间的矛盾

B. 无产阶级同资产阶级之间的矛盾

C. 生产力和生产关系之间的矛盾

D. 上层建筑和经济基础之间的矛盾

三、判断题

1. 1956 年中国开始进入社会主义初级阶段。　　(　　)

2. 1956 年是中国全面建设社会主义的开始。 ( )

3. 《论十大关系》是以毛泽东为主要代表的中国共产党人开始探索中国自己的社会主义建设道路的标志。 ( )

4. 1956 年 4 月 25 日，毛泽东作《论十大关系》的报告，指出这十大关系围绕一个基本方针，即调动一切积极的因素，把我国建设成为一个强大的社会主义国家。 ( )

5. 《论十大关系》报告的基本方针是正确处理人民内部矛盾和敌我矛盾。 ( )

6. 毛泽东《论十大关系》报告是在调查研究的基础上写成的。 ( )

7. 1956 年，毛泽东提出“向外国学习”的口号。 ( )

8. 中共中央在 1956 年 1 月召开知识分子问题会议，发出了“向现代化进军”的口号。 ( )

9. 中共中央在 1956 年 1 月召开知识分子问题会议，发出了“向现代科学进军”的口号。 ( )

10. 社会主义文化建设的方针是“百花齐放，百家争鸣”。 ( )

11. 社会主义文化建设的方针是“古为中用，洋为今用”。 ( )

12. 中共八大是新中国成立以后召开的第一次党的全国代表大会。 ( )

13. 中共八大确定了我国社会主义经济建设在综合平衡中稳步前进的方针。 ( )

14. 以苏联为借鉴，中共八大提出了反对个人崇拜。 ( )

15. 陈云在中共八大上提出“三个主体、三个补充”的思想，成为突破传统观念、探索适合中国特点的经济体制的重要思想。 ( )

16. 邓小平在中共八大上提出“三个主体、三个补充”的思想，成为突破传统观念、探索适合中国特点的经济体制的重要思想。 ( )

17. 1957 年 2 月，毛泽东在扩大的最高国务会议上发表讲话，提出要把正确处理人民内部矛盾作为国家政治生活的主题。 ( )

18. 1957 年整风运动的主题是正确处理人民内部矛盾。（　）

19. 反右派斗争扩大化的一个严重影响，就是改变了党的八大一次会议关于我国社会主要矛盾的判断。（　）

20. 1957 年反右派斗争犯了严重扩大化的错误，把大量人民内部矛盾当作敌我矛盾。（　）

21. 反右派斗争严重扩大化的一个重要原因，是在运动中采用了大鸣、大放、大辩论、大字报的错误斗争方式。（　）

22. 1958 年发动大跃进运动，初衷是好的，但结果是违背经济规律，破坏了经济平衡。（　）

23. 1958 年发动大跃进运动的主要标志和特点是：高指标、瞎指挥、浮夸风、“共产风”。（　）

24. 人民公社的体制是“政社合一”，特点被概括为“一大二公”。（　）

25. 毛泽东是“大跃进”、人民公社化运动的推动者和倡导者。（　）

26. 社会主义建设的“三面红旗”指过渡时期总路线、大跃进、人民公社。（　）

27. 社会主义建设的“三面红旗”指建设时期总路线、大跃进、人民公社。（　）

28. 大跃进、人民公社造成我国国民经济 1958 年到 1960 年三年严重困难。（　）

29. 大跃进、人民公社造成我国国民经济 1959 年到 1961 年三年严重困难。（　）

30. 造成我国国民经济严重困难的最主要原因是自然灾害的影响。（　）

31. 造成我国国民经济严重困难的最主要原因是苏联撕毁经济技术合作协议。（　）

32. 造成我国国民经济严重困难的最主要原因是经济建设中的“左”倾错误。（　）

33. 1959 年中共中央在庐山召开政治局扩大会议，经济上打断了纠“左”的进程，继续大跃进。 ( )

34. 1959 年中共中央在庐山召开政治局扩大会议是政治上阶级斗争扩大化理论和实践的进一步升级。 ( )

35. 1961 年 3 月，毛泽东亲自主持起草了《农村人民公社工作条例（草案）》（简称农业六十条），推动国民经济转入 1962 年至 1965 年的三年调整时期。 ( )

36. 我国在第三届全国人民代表大会上提出了建设“四个现代化”的宏伟目标。 ( )

37. “文化大革命”发动的导火线是 1965 年 11 月 10 日，姚文元的文章《评新编历史剧〈海瑞罢官〉》在上海《文汇报》发表。 ( )

38. “九一三”事件是林彪反革命集团覆灭的标志。 ( )

39. “九一三”事件客观上宣告了“文化大革命”的理论和实践的失败。 ( )

40. 1973 年 8 月召开的中国共产党第十次全国代表大会，继续了九大的“左”倾错误方针。 ( )

41. 江青、张春桥、姚文元、王洪文在中央政治局内结成“四人帮”。 ( )

42. 1976 年 1 月 8 日，周恩来逝世，同年清明前后，爆发了悼念周总理、反对“四人帮”的运动。 ( )

43. “文化大革命”是一场由领导者错误发动，被反革命集团利用，给党、国家和各族人民带来严重灾难的内乱。 ( )

44. “文化大革命”是探索中的错误，不是由社会主义制度本身所造成的。 ( )

45. 1964 年成功排演的大型音乐舞蹈史诗《东方红》，代表了当时国家的最高艺术水平。 ( )

46. 我国成功爆炸第一颗原子弹是在 1964 年 10 月 16 日。 ( )

47. 1971 年 10 月，中国恢复了在联合国的合法席位。 ( )

48. “乒乓外交”实现了中美关系正常化。（　）

49. “乒乓外交”实现了中日关系正常化。（　）

50. 毛泽东指出社会主义可能分为两个阶段：第一个阶段是不发达的社会主义，第二个阶段是比较发达的社会主义。（　）

四、思考题

1. 中国共产党人在1956年至1957年的早期探索中对社会主义建设有哪些理论建树？

2. 怎样认识建立独立的、比较完整的工业体系和国民经济体系的重大意义？

3. 为什么说毛泽东是探索中国社会主义建设道路的开创者？怎样正确认识和评价毛泽东的历史地位？

第十章
中国特色社会主义的开创与接续发展

教学目的和要求：通过本章学习，学生了解新时期我国实行改革开放的历史背景、主要历程和取得的重大成就，重点把握改革开放不同阶段的特征、取得的成果以及我国现代化建设的巨大成就。掌握改革开放和现代化建设的进程；熟悉中国特色社会主义在历史新起点上的战略目标；掌握改革开放后取得巨大成就的根本原因和主要经验。

教学重点：1. 历史性的伟大转折和改革开放的起步；
2. 中共十一届三中全会；
3. 改革开放和现代化建设新局面的展开；
4. 在新的历史起点上推进中国特色社会主义。

教学难点：1. 历史性的伟大转折和改革开放的起步；
2. 中国特色社会主义事业的跨世纪发展。

一、单选题

1. 1976 年“文化大革命”结束后，造成党和国家的工作在徘徊中前进局面的根源在于(　　)。

A. “阶级斗争为纲”的错误方针　B. “批林批孔”的错误方针
C. “反击右倾翻案风”的错误方针 D. “两个凡是”的错误方针

2. 1978 年 5 月在我国开始的一场马克思主义思想解放运动是(　　)。

A. 关于社会主义本质问题的讨论
B. 关于建国以来党的若干历史问题的讨论
C. 关于真理标准问题的大讨论

D. 关于毛泽东思想评价的讨论

3. 1978 年 12 月 13 日，邓小平在中央工作会议闭幕会上作重要讲话，讲话实际上成为随后召开的中共十一届三中全会的主题报告。这篇讲话是(　　)。

A.《完整地准确地理解毛泽东思想》

B.《解放思想，实事求是，团结一致向前看》

C.《高举毛泽东思想旗帜，坚持实事求是的原则》

D.《坚持四项基本原则》

4. 标志着中国进入改革开放和社会主义现代化建设的历史新时期的重要会议是(　　)。

A. 中共十一届三中全会　　B. 中共十二届三中全会

C. 中共十三届三中全会　　D. 中共十四届三中全会

5. 决定“将全党工作的着重点应该从 1979 年起转移到社会主义现代化建设上来”是在(　　)。

A. 中共十一届二中全会　　B. 中共十一届三中全会

C. 中共十一届五中全会　　D. 中共十一届六中全会

6. 1979 年 4 月 5 日至 28 日召开的中共中央工作会议，决定对国民经济实行的方针是(　　)。

A. “调整、改革、整顿、提高”　　B. “改革、稳定、充实、完善”

C. “调整、巩固、充实、提高”　　D. “改革、发展、创新、提高”

7. 成为开辟中国特色社会主义新道路、开创中国特色社会主义新理论的宣言书的是(　　)。

A.《解放思想，实事求是，团结一致向前看》

B.《实践是检验真理的唯一标准》

C.《关于加快农业发展若干问题的决定》

D.《关于建国以来党的若干历史问题的决议》

8. 邓小平提出坚持四项基本原则是在(　　)。

A. 中共十一届三中全会　　B. 中共十一届六中全会

C. 1979 年理论工作务虚会　　D. 1978 年中央工作会议

9. 促进了“政社合一”的人民公社体制解体的是(　　)。

A. 乡（镇）基层政权的普遍建立

B. 村民自治组织的普遍建立

C. 统分结合的农村家庭联产承包责任制的普遍实行

D. 乡镇企业的兴起

10. 1980 年 5 月，中共中央决定设立的经济特区不包括(　　)。

A. 深圳　　B. 珠海　　C. 天津　　D. 厦门

11. 中美两国正式建立外交关系是在(　　)。

A. 1971 年　　B. 1972 年　　C. 1978 年　　D. 1979 年

12. 中日两国签署《中华人民共和国和日本国和平友好条约》是在(　　)。

A. 1971 年　　B. 1972 年　　C. 1978 年　　D. 1979 年

13. 1979 年 3 月，邓小平在中央理论工作务虚会上发表的讲话中提出，实现四个现代化的根本前提是(　　)。

A. 坚持改革开放　　B. 坚持四项基本原则

C. 坚持解放思想　　D. 坚持以经济建设为中心

14. 1979 年元旦，全国人大常委会发表的推动祖国统一大业的重要文献是(　　)。

A. 《告台湾同胞书》

B. 《实现两岸和平统一的九项方针》

C. 《一个国家、两种制度》

D. 《为促进祖国统一大业的完成而继续奋斗》

15. 1982 年 9 月，邓小平在党的十二大开幕词中提出，把马克思主义的普遍真理同我国的具体实际结合起来，走自己的道路，(　　)。

A. 把我国建设成为富强民主文明的社会主义国家

B. 建设有中国特色的社会主义

C. 建设小康社会

D. 实现中华民族的伟大复兴

16. 1979 年 9 月，中共十一届四中全会提出要保障基层干部和农民因时因地制宜的自主权，发挥其主动性，全会通过的决议是(　　)。

A. 《中共中央关于经济体制改革的决定》

B.《中共中央关于加快农业发展若干问题的决定》

C.《关于建国以来党的若干历史问题的决议》

D.《中共中央关于教育体制改革的决定》

17. 我国经济体制改革转向以城市为重点全面展开的标志是(　　)。

A.《中共中央关于经济体制改革的决定》的实施

B.《中共中央关于科学技术体制改革的决定》的实施

C.《中共中央关于教育体制改革的决定》的实施

D.《政治体制改革总体设想》的实施

18. 1981 年 6 月，中共十一届六中全会通过的重要决议是(　　)。

A.《关于党的若干历史问题的决议》

B.《中共中央关于教育体制改革的决定》

C.《关于建国以来党的若干历史问题的决议》

D.《关于加强社会主义精神文明建设若干重要问题的决议》

19. 1982 年 9 月在中国共产党第十二次全国代表大会的开幕词中，邓小平明确提出的重大命题是(　　)。

A. 坚持四项基本原则　　B. 发展社会主义市场经济

C. 建设有中国特色社会主义　　D. 没有民主就没有社会主义

20. “把马克思主义的普遍真理同我国的具体实际结合起来，走自己的道路，建设有中国特色的社会主义”，这是邓小平在(　　)的开幕词中提出的。

A. 中共十二大　　B. 中共十三大

C. 中共十四大　　D. 中共十五大

21. 随着对外开放的进一步扩大，中共中央和国务院在 1988 年决定建立的经济特区是(　　)。

A. 深圳经济特区　　B. 珠海经济特区

C. 厦门经济特区　　D. 海南经济特区

22. 1986 年 9 月，《中共中央关于社会主义精神文明建设指导方针的决议》阐述的主要内容是(　　)。

A. 社会主义精神文明建设的战略地位、根本任务和基本方针

B. 社会主义精神文明建设的发展步骤、根本任务和基本方针

C. 社会主义精神文明建设的经济基础、根本任务和基本方针

D. 社会主义精神文明建设的制度保证、根本任务和基本方针

23. 关于我国社会主义现代化建设“三步走”战略部署的表述，错误的是(　　)

A. 实现国民生产总值比1980年翻一番，解决人民的温饱问题

B. 到20世纪末，使国民生产总值再增长一倍，人民生活达到小康水平

C. 到21世纪中叶，人均国民生产总值达到中等发达国家水平

D. 到21世纪中叶，人均国民生产总值超过中等发达国家水平

24. 1987年召开的中共十三大比较系统地阐述了(　　)。

A. 社会主义商品经济理论　　B. 社会主义初级阶段理论

C. 社会主义市场经济理论　　D. 社会主义本质理论

25. 第一次完整地概括了中国共产党在社会主义初级阶段基本路线的会议是(　　)。

A. 中共十二大　　B. 中共十三大

C. 中共十五大　　D. 中共十六大

26. 中共十三大明确将党在社会主义初级阶段的基本路线概括为(　　)。

A. “一个中心、两个基本点”

B. “四个坚持”

C. 一手抓物质文明、一手抓精神文明

D. 建设中国特色社会主义经济、政治和文化

27. 正式制定我国社会主义现代化建设“三步走”战略部署的是(　　)。

A. 中共十二大　　B. 中共十三大

C. 中共十四大　　D. 中共十五大

28. 根据“三步走”战略部署，我国人均国民生产总值到21世纪中期要(　　)。

A. 接近中等发达国家水平　　B. 达到中等发达国家水平

C. 接近发达国家水平　　D. 达到发达国家水平

29. 1990年3月召开的中共十三届六中全会通过了(　　)。

A. 《党和国家领导制度的改革》

B. 《政治体制改革总体设想》

C. 《关于加强党同人民群众联系的决定》

D. 《关于加强党的执政能力建设的决定》

30. 邓小平提出中国社会主义农业的发展会有两个飞跃：第一个飞跃是废除人民公社，实行家庭联产承包为主的责任制；第二个飞跃是(　　)。

A. 发展集体经济　　B. 发展个体经济

C. 发展国有经济　　D. 发展合作经济

31. 1994 年初，中共中央根据党的十四大精神，立足改革发展的实际情况，提出了(　　)的基本方针。

A. 抓住机遇，深化改革，扩大开放，促进生产，保持稳定

B. 抓住机遇，深化改革，扩大开放，促进发展，保持稳定

C. 抓住机遇，改革开放，促进生产，创新发展，与时俱进

D. 抓住机遇，深化改革，扩大开放，保持稳定，创新发展

32. 1992 年 10 月，中国共产党第十四次全国代表大会确立的在全党具有指导地位的理论是(　　)。

A. 邓小平建设有中国特色社会主义理论

B. 社会主义初级阶段理论

C. 社会主义市场经济理论

D. 社会主义改革开放理论

33. 1992 年，以邓小平南方谈话和中共十四大为标志，中国社会主义改革开放和现代化建设事业所进入的新的发展阶段是(　　)。

A. 从计划经济体制向多种经济体制转变

B. 从多种经济体制向单一经济体制转变

C. 从计划经济体制向社会主义市场经济体制转变

D. 从新民主主义经济体制向社会主义市场经济体制转变

34. 关于正确处理改革、发展、稳定的关系，1994 年 5 月，江泽民进一步明确提出(　　)。

A. 稳定是目的，改革是动力，发展是前提

B. 稳定是动力，改革是前提，发展是目标

C. 稳定是前提，改革是动力，发展是目标

D. 稳定是任务，改革是动力，发展是前提

35. 1992 年 10 月，大陆海峡两岸关系协会与台湾海峡交流基金会举行商谈，达成体现一个中国原则的(　　)。

A. “三不”政策　　B. “九二共识”

C. “八项主张” D. “两岸三通协定”

36. 1992 年 10 月召开的中共十四大明确提出，我国经济体制改革的目标是建立(　　)。

A. 社会主义市场经济体制 B. 社会主义有计划的商品经济体制

C. 计划为主、市场为辅的经济体制 D. 市场为主、计划为辅的经济体制

37. 1993 年 11 月召开的中共十四届三中全会，通过了(　　)，成为 20 世纪 90 年代进行经济体制改革的行动纲领。

A. 《关于经济体制改革的决定》

B. 《关于进一步治理整顿和深化改革的决定》

C. 《关于国有企业改革和发展若干重大问题的决定》

D. 《关于建立社会主义市场经济体制若干问题的决定》

38. 1995 年 1 月，江泽民发表了发展两岸关系、推进祖国和平统一八项主张的(　　)。

A. 《告台湾同胞书》

B. 《实现两岸和平统一的九项方针》

C. 《一个国家、两种制度》

D. 《为促进祖国统一大业的完成而继续奋斗》

39. 把邓小平理论同马克思列宁主义、毛泽东思想一道确立为中国共产党的指导思想，并写入修改后的《中国共产党章程》的会议是(　　)。

A. 中共十四大 B. 中共十五大

C. 中共十六大 D. 中共十七大

40. 把“依法治国”确定为党领导人民治理国家的基本方略的会议是(　　)。

A. 中共十四大 B. 中共十五大

C. 中共十六大 D. 十六届三中全会

41. 中华人民共和国香港特别行政区正式成立的时间是(　　)。

A. 1997 年 7 月 1 日 B. 1997 年 12 月 20 日

C. 1999 年 7 月 1 日 D. 1999 年 12 月 20 日

42. 中华人民共和国澳门特别行政区正式成立的时间是(　　)。

A. 1999 年 1 月 1 日 B. 1999 年 12 月 20 日

C. 2000 年 1 月 1 日　　D. 2000 年 12 月 20 日

43. 提出“一个国家、两种制度”构想的是(　　)。

A. 毛泽东　B. 邓小平　C. 江泽民　D. 胡锦涛

44. 把“三个代表”重要思想同马克思列宁主义、毛泽东思想、邓小平理论一道确立为中国共产党必须长期坚持的指导思想，并写入党章是在(　　)。

A. 中共十四大　　B. 中共十五大

C. 中共十六大　　D. 中共十七大

45. 提出坚持以人为本、全面协调可持续的科学发展观是在(　　)。

A. 中共十六大　　B. 中共十六届三中全会

C. 中共十六届四中全会　　D. 中共十六届五中全会

46. 2004 年 9 月，中共十六届四中全会提出的战略任务是(　　)。

A. 构建社会主义和谐社会　　B. 全面建设小康社会

C. 建设社会主义新农村　　D. 建立社会主义市场经济体制

47. 首次将“和谐”列入现代化建设奋斗目标的文件是(　　)。

A.《国民经济和社会发展第十一个五年规划纲要》

B.《中共中央关于构建社会主义和谐社会若干重大问题的决定》

C.《关于加强党的执政能力建设的决定》

D.《高举中国特色社会主义伟大旗帜　为夺取全面建设小康社会新胜利而奋斗》

48. 将科学发展观写入党章是在(　　)。

A. 中共十五大　　B. 中共十六大

C. 中共十七大　　D. 中共十八大

49. 2011 年 10 月，中共十七届六中全会通过《中共中央关于深化文化体制改革　推动社会主义文化大发展大繁荣若干重大问题的决定》，确立了(　　)的战略目标，标志着我国文化改革发展进入一个新阶段。

A. 提高文化自觉　　B. 增强文化自信

C. 建设社会主义文化强国　　D. 文化走出去

50. 2005 年 3 月 14 日，第十届全国人民代表大会第三次会议通过立法形式高票通过了(　　)。

A.《香港特别行政区基本法》　　B.《澳门特别行政区基本法》
C.《反分裂国家法》　　D.《维护国家统一法》

二、多选题

1. 关于真理标准问题的大讨论，下列说法正确的是(　　)。
A. 继延安整风运动后又一场马克思主义思想解放运动
B. 成为拨乱反正和改革开放的思想先导
C. 确立了实事求是的思想路线
D. 为党重新确立实事求是的思想路线，实现历史性转折作了思想理论准备

2. 关于中共十一届三中全会，下列说法正确的是(　　)。
A. 结束了粉碎“四人帮”后党和国家的工作在徘徊中前进的局面
B. 标志着中国共产党重新确立了马克思主义的思想路线、政治路线、组织路线，开始了在思想、政治、组织等领域的全面拨乱反正
C. 形成了以邓小平为核心的第二代党中央领导集体
D. 揭开了改革开放的序幕

3. 1978 年以后，我国在调整对外政策、改善外部关系方面取得的成就有(　　)。
A. 中日建交　　B. 中美建交
C. 中日签署和平友好条约　　D. 中国领导人访问日美两国

4. 1979 年 3 月 30 日，邓小平在理论工作务虚会上发表的讲话中指出必须坚持的四项基本原则包括(　　)。
A. 坚持以经济建设为中心
B. 坚持社会主义道路
C. 坚持共产党的领导
D. 坚持改革开放
E. 坚持马克思列宁主义、毛泽东思想
F. 坚持人民民主专政

5. 1979 年 4 月，中共中央工作会议提出的针对国民经济的方针是(　　)。
A. 调整　　B. 改革　　C. 整顿　　D. 提高

6. 1980 年，中共中央决定设立(　　)。

A. 深圳经济特区　　B. 珠海经济特区

C. 汕头经济特区　　D. 厦门经济特区

7. 中共十一届三中全会后，农业和农村经济发展面临两大问题亟待解决，分别是(　　)。

A. “政社合一”的人民公社体制亟待改革

B. 还有两亿多农民的温饱问题尚未解决

C. 农村生产力水平落后

D. 农业生产实行统一经营

8. 1981 年 6 月，中共十一届六中全会通过的《关于建国以来党的若干历史问题的决议》的主要内容有(　　)。

A. 从根本上否定“文化大革命”的理论和实践

B. 高度评价了关于真理标准问题的讨论

C. 对新中国成立以来的重大历史事件作出了基本结论

D. 肯定了中共十一届三中全会以来逐步确立的建设社会主义现代化强国的道路

E. 科学评价毛泽东和毛泽东思想的历史地位

F. 提出了社会主义初级阶段理论

9. 《关于建国以来党的若干历史问题的决议》概括的毛泽东思想活的灵魂是(　　)。

A. 实事求是　　B. 群众路线　　C. 统一战线　　D. 独立自主

10. 中共十二届六中全会确定的我国社会主义现代化建设的总体布局是(　　)。

A. 以经济建设为中心　　B. 坚定不移地进行经济体制改革

C. 坚定不移地进行政治体制改革　　D. 坚定不移地加强精神文明建设

11. 1987 年召开的中共十三大提出了(　　)。

A. 社会主义初级阶段的理论

B. 党在社会主义初级阶段的基本路线

C. 社会主义现代化建设“三步走”的发展战略

D. 党在社会主义初级阶段的基本纲领

12. 1990 年 3 月，邓小平提出了中国农业改革和发展“两个飞跃”的思想，“两个飞跃”是指(　　)。

A. 废除人民公社，实行家庭联产承包为主的责任制

B. 改造传统农业，实现农业现代化、机械化

C. 发展集体经济，走集体化和集约化道路

D. 推进农业战略性调整，建设社会主义新农村

13. 中共十五大的主要内容有(　　)。

A. 把邓小平理论确立为党的指导思想

B. 提出了党在社会主义初级阶段的基本纲领

C. 把公有制为主体、多种所有制经济共同发展，确定为我国社会主义初级阶段的一项基本经济制度

D. 提出公有制的实现形式可以而且应当多样化

E. 把依法治国确立为党领导人民治理国家的基本方略

14. 20 世纪 70 年代末 80 年代初，邓小平提出了“一个国家、两种制度”的构想，其基本内容包括(　　)。

A. 在一个中国的前提下，国家的主体坚持社会主义制度

B. 香港、澳门、台湾是中华人民共和国不可分离的部分

C. 香港、澳门、台湾作为特别行政区，保持原有的资本主义制度长期不变

D. 在国际上代表中国的，只能是中华人民共和国

15. 1992 年，邓小平同志在视察南方的谈话中阐述了一系列重要思想，其中有(　　)。

A. 关于社会主义本质的思想

B. 关于计划和市场都是经济手段的思想

C. 关于发展才是硬道理的思想

D. 关于“三个有利于”的思想

16. 1994 年 5 月，江泽民在进一步强调正确处理改革、发展、稳定的关系时指出(　　)。

A. 发展是目标　　　　B. 改革是动力

C. 改革是保障　　　　D. 稳定是前提

17. 中共十四届六中全会通过的《中共中央关于加强社会主义精神文明建设若干重要问题的决议》，强调要(　　)。

A. 以科学的理论武装人　　B. 以正确的舆论引导人
C. 以高尚的精神塑造人　　D. 以优秀的作品鼓舞人

18. 1999年9月召开的中共十五届四中全会，通过了《中共中央关于国有企业改革和发展若干重大问题的决定》，其内容包括(　　)。

A. 提出了推进国有企业改革发展的一系列政策措施
B. 推进国有企业战略性改组，建立和完善现代企业制度
C. 推进城镇住房制度改革
D. 推进医疗保险制度改革
E. 推进财政税收改革

19. 经济体制改革的重大举措包括(　　)。

A. 家庭联产承包责任制　　B. 政社合一
C. 扩大国有企业经营自主权　　D. 政企分开

20. "三个代表"重要思想的内涵是(　　)。

A. 代表中国先进生产力的发展要求
B. 代表中国先进文化的前进方向
C. 代表中国工人阶级的根本利益
D. 代表中国最广大人民的根本利益

21. 2007年6月，胡锦涛在中共中央党校发表的重要讲话中指出，科学发展观的(　　)。

A. 第一要义是发展　　B. 核心是以人为本
C. 基本要求是全面协调可持续　　D. 根本方法是统筹兼顾

22. 中共十六届六中全会通过的重要文献指出，社会主义核心价值体系的基本内容是(　　)。

A. 马克思主义指导思想
B. 中国特色社会主义共同理想
C. 以爱国主义为核心的民族精神和以改革创新为核心的时代精神
D. 社会主义荣辱观

23. 中共十六届五中全会提出，建设社会主义新农村的要求是生产发展和(　　)。

A. 生活宽裕　　B. 乡风文明　　C. 村容整洁　　D. 管理民主

24. 党的十七大报告明确指出，中共十一届三中全会后新时期的中国(　　)。

A. 最成功的方面是拨乱反正　　B. 最鲜明的特征是改革开放
C. 最显著的成就是快速发展　　D. 最突出的标志是与时俱进

25. 党的十七大报告指出，改革开放以来我们取得一切成绩和进步的根本原因归结起来就是(　　)。

A. 开辟了中国特色社会主义道路
B. 形成了中国特色社会主义理论体系
C. 建立了社会主义市场经济体制
D. 提出了社会主义初级阶段理论

26. 我国在改革开放新时期开始形成的基层民主自治体系的主要内容包括(　　)。

A. 农村村民委员会　　B. 城市居民委员会
C. 企业职工代表大会　　D. 学校学生会

27. “一个中心，两个基本点”是社会主义初级阶段党的基本路线的核心内容。“两个基本点”是指(　　)。

A. 坚持改革开放经济建设　　B. 坚持四项基本原则
C. 坚持解放和发展生产力　　D. 坚持改革开放

28. 建立社会主义市场经济体制，必须(　　)。

A. 毫不动摇地鼓励、支持和引导非公有制经济发展
B. 毫不动摇地巩固和发展公有制经济
C. 发展资本主义经济
D. 坚持和完善公有制为主体、多种所有制经济共同发展的社会主义基本经济制度

29. 建设社会主义政治文明，最根本的就是要坚持(　　)的有机统一。

A. 人民当家作主　　B. 党的领导
C. 依法治国　　D. 人民代表大会制度

30. 为激发各大经济区域的发展活力，国家先后启动了(　　)。

A. 东部地区率先发展战略　　B. 西部大开发战略
C. 东北等老工业基地振兴战略　　D. 中部地区崛起战略

三、判断题

1. 中国共产党十一届三中全会召开的时间是 1978 年。（　）

2. 中共十一届三中全会揭开了社会主义改革开放的序幕。（　）

3. 新中国成立以来，党的历史上具有深远意义的伟大转折的标志是中共十一届三中全会的召开。（　）

4. 1978 年，中国共产党重新确立马克思主义实事求是思想路线的会议是中共十一届三中全会。（　）

5. 对待马列主义的科学态度应该是实事求是。（　）

6. 从中华人民共和国成立到 1978 年，这 30 年的成绩很大，但做的事情不能说都是成功的。问题是什么是社会主义，如何建设社会主义。我们的经验教训有许多条，最重要的一条，就是要搞清楚这个问题。（　）

7. 1979 年 3 月 30 日，邓小平在理论工作务虚会上提出：坚持社会主义道路，坚持人民民主专政，坚持共产党的领导，坚持马克思列宁主义、毛泽东思想这四项基本原则。（　）

8. 改革开放是中国共产党在新的时代条件下带领人民进行的新的伟大革命。（　）

9. 邓小平明确提出“建设有中国特色社会主义”命题的会议是十一届三中全会。（　）

10. 我国经济体制的改革，首先在城市取得突破性进展。（　）

11. 1979 年 4 月，中共中央工作会议提出的针对国民经济的方针是“改革、发展、创新、提高”。（　）

12. 1986 年 9 月，中共十二届六中全会作出《中共中央关于社会主义精神文明建设指导方针的决议》，阐述的主要内容是社会主义精神文明建设的战略地位、根本任务和基本方针。（　）

13. 中共十一届三中全会以来的实践历程，正是“三步走”的现代化建设宏伟蓝图逐步变为现实的过程。（　）

14. 我国于 1988 年建立海南省，并将海南岛开辟为经济特区。（ ）

15. 1992 年 1 月 18 日至 2 月 21 日，邓小平先后视察武昌、深圳、珠海、上海等地，并发表重要谈话。（ ）

16. 1992 年，邓小平在南方谈话中提出的判断改革开放是非的主要标准：是否有利于发展社会主义社会的生产力，是否有利于增强社会主义国家的综合国力，是否有利于提高人民的生活水平。（ ）

17. 邓小平的南方谈话，在重大历史关头，科学地总结了十一届三中全会以来党的基本经验，明确回答了长期困扰和束缚人们思想的许多重大认识问题，对整个社会主义现代化建设事业产生了重大而深远的影响。（ ）

18. 中国共产党第一次比较系统地阐述社会主义初级阶段理论是在中共十三大上。（ ）

19. 中共十三大明确将党在社会主义初级阶段的基本路线概括为“一手抓物质文明、一手抓精神文明”。（ ）

20. 1992 年召开的中共十四大明确指出，我国经济体制改革的目标是建立计划经济为主和市场经济为辅的体制。（ ）

21. 1997 年召开的中共十五大明确提出了党在社会主义初级阶段的基本纲领。（ ）

22. 2001 年 12 月 11 日，经过长达 15 年的艰苦谈判，中国正式加入世界贸易组织，标志着中国的对外开放进入一个新阶段。（ ）

23. 2002 年召开的中共十六大明确提出，我国社会主义建设到 2020 年的奋斗目标是总体达到小康社会。（ ）

24. 科学发展观的基本要求是以人为本，全面、协调、可持续。（ ）

25. 中国共产党对中国特色社会主义理论体系进行科学概括是在中共十七大。（ ）

26. 从 2006 年 1 月 1 日起，我国正式取消农业税，结束了农民两千多年来缴纳“皇粮国税”的历史。（ ）

27. 基层民主自治体系以农村村民委员会、城市居民委员会和企业职工代表大会为主要内容。（ ）

28. 作为祖国未来的社会主义建设者、各条战线的生力军，我们大学生一定要牢记中国近现代的历史及其基本经验，继承先辈们的优良传统，自觉地承担起时代赋予我们的在本世纪中叶把我国建设成为中等发达的社会主义现代化国家的历史使命。（　　）

四、思考题

1. 为什么说中共十一届三中全会是新中国成立以来伟大的历史性转折？
2. 试论述我国社会主义现代化建设的“三步走”发展战略。
3. 中国特色社会主义是怎样开创的？
4. 中国特色社会主义是怎样接续发展的？
5. 试论述邓小平南方谈话的内容和意义。
6. 试论述20世纪中国经历的三次历史性巨变。

第十一章
中国特色社会主义进入新时代

教学目的和要求：通过本章学习，学生了解全面建成小康社会的目标以及实现民族复兴中国梦的提出过程，掌握如何统筹推进“五位一体”总体布局和协调推进“四个全面”战略布局，认识党和国家事业的历史性成就和历史性变革。重点把握中国特色社会主义进入新时代的历史使命、战略部署、指导思想、基本方略，增强学生为实现中国梦而努力奋斗的信心和决心。

教学重点：1. 全面建成小康社会目标的确定；
2. 实现民族复兴中国梦的提出；
3. 统筹推进“五位一体”总体布局；
4. 协调推进“四个全面”战略布局；
5. 推进国家治理体系和治理能力现代化。

教学难点：1. 在新时代坚持和发展中国特色社会主义；
2. 修宪的内容、意义以及更好地发挥宪法的作用。

一、单选题

1. 中国共产党第十八次全国代表大会阐明中国特色社会主义的总依据是(　　)。

A. 社会主义　　B. 社会主义初级阶段
C. 全面建成小康社会　　D. 科学发展观

2. 中国共产党第十八次全国代表大会阐明中国特色社会主义五位一体的总布局是(　　)。

A. 经济建设、政治建设、文化建设、思想建设、生态文明建设

B. 经济建设、政治建设、文化建设、社会建设、生态文明建设

C. 经济建设、政治建设、文化建设、党的建设、社会建设

D. 经济建设、政治建设、社会建设、生态文明建设、党的建设

3. 中国共产党第十八次全国代表大会阐明中国特色社会主义的总任务是(　　)。

A. 实现中国梦

B. 实现科学发展

C. 实现社会主义现代化和中华民族伟大复兴

D. 全面建成小康社会

4. 中共十八大提出的确保到2020年实现的目标是(　　)。

A. 全面建设小康社会　　B. 全面建成小康社会

C. 跨入发达国家行列　　D. 基本实现社会主义现代化

5. 中共十八大精神归结到一点，就是(　　)。

A. 坚持和加强党的全面领导

B. 坚持道路自信、理论自信、制度自信

C. 坚持和发展中国特色社会主义

D. 坚持五位一体总体布局

6. 中共十八大结束不久，习近平在参观“复兴之路”展览时强调，(　　)就是中华民族近代以来最伟大的梦想。

A. 实现民族独立和人民解放

B. 全面建成小康社会

C. 实现中华民族伟大复兴

D. 实现国家繁荣富强和人民共同富裕

7. 中共十八大以来，国内外形势变化和我国各项事业发展都给我们提出了一个重大时代课题，这就是必须从理论和实践结合方面系统回答(　　)。

A. 新时代坚持和发展什么样的中国特色社会主义、怎样坚持和发展中国特色社会主义

B. 如何实现马克思主义中国化、时代化、大众化

C. 如何保持党与人民群众的血肉联系

D. 新时代实现什么样的发展，如何发展

8. 为坚持和完善中国共产党领导的多党合作和政治协商制度，2015 年 1

月，中共中央印发了(　　)。

A.《关于坚持和完善中国共产党领导的多党合作和政治协商制度的意见》

B.《关于进一步加强中国共产党领导的多党合作和政治协商制度建设的意见》

C.《关于加强人民政协工作的意见》

D.《关于加强社会主义协商民主建设的意见》

9. 中国梦就是(　　)。

A. 全面建成小康社会

B. 建成富强民主文明和谐的社会主义现代化国家

C. 实现中华民族伟大复兴

D. 实现共产主义

10. 中国梦的基本内涵是(　　)。

A. 国家富强、民族振兴、人民幸福 B. 理论自信、道路自信、制度自信

C. 学有所教、劳有所得、病有所医 D. 祖国统一、科技发达、社会和谐

11. “实现中国梦必须走中国道路。”这里的“中国道路”是指(　　)。

A. 和平发展道路　　B. 韬光养晦

C. 中国特色社会主义道路　　D. 共产主义道路

12. “实现中国梦必须弘扬中国精神。”这里的“中国精神”是指(　　)。

A. 以爱国主义为核心的民族精神，以改革创新为核心的时代精神

B. 艰苦奋斗的创业精神，自力更生的自强精神

C. 追求卓越的进取精神，勇攀高峰的奋斗精神

D. 无私忘我的奉献精神，乐观豁达的包容精神

13. “实现中国梦必须凝聚中国力量。”这里的“中国力量”是指(　　)。

A. 武装力量　　B. 经济力量

C. 文化软实力　　D. 中国各民族大团结的力量

14. 中国梦的本质属性是(　　)。

A. 是虚无的梦，不可实现的想象而已

B. 是自由的梦，人人可以实现自己的任何愿望

C. 是人民的梦，必须紧紧依靠人民来实现

D. 是发展的梦，将随着时间变化而变化

15. 党的十八大报告将中国特色社会主义总布局从经济、政治、文化、社会建设“四位一体”升华为包括(　　)的“五位一体”。

A. 物质文明建设　　B. 精神文明建设

C. 生态文明建设　　D. 社会文明建设

16. 为了牢记历史、弘扬以爱国主义为核心的民族精神，2014 年 2 月，十二届全国人大常委会第七次会议决定，将(　　)确定为中国人民抗日战争胜利纪念日。

A. 7 月 7 日　　B. 8 月 15 日　　C. 9 月 3 日　　D. 10 月 25 日

17. 2014 年 8 月，十二届全国人大常委会第十次会议决定，将(　　)设立为烈士纪念日，并规定每年的这一天国家举行纪念烈士活动。

A. 4 月 12 日　　B. 9 月 18 日　　C. 9 月 30 日　　D. 12 月 13 日

18. 审议通过《中共中央关于全面深化改革若干重大问题的决定》，勾画了到 2020 年全面深化改革的时间表、路线图的会议是(　　)。

A. 中共十八届二中全会　　B. 中共十八届三中全会

C. 中共十八届四中全会　　D. 中共十八届五中全会

19. 根据中共十八届三中全会的决定，2014 年 1 月，中央成立负责改革总体设计、统筹协调、整体推进、督促落实的机构是(　　)。

A. 改革和发展委员会　　B. 全面深化改革委员会

C. 全面深化改革领导小组　　D. 政治经济体制改革领导小组

20. 2014 年 10 月，中共十八届四中全会审议通过的《中共中央关于全面推进依法治国若干重大问题的决定》，指出(　　)是中国特色社会主义最本质的特征，是社会主义法治的根本保证。

A. 坚持以人为本　　B. 人民当家作主

C. 依法治国　　D. 党的领导

21. 根据中共十八届四中全会的建议，2014 年 11 月，十二届全国人大常委会第十一次会议通过了《全国人民代表大会常务委员会关于设立国家宪法日的决定》，将(　　)设立为国家宪法日。

A. 12 月 1 日　　B. 12 月 2 日　　C. 12 月 3 日　　D. 12 月 4 日

22. 中共十八届六中全会明确(　　)为党中央的核心、全党的核心，号召全党同志坚定不移维护党中央权威和党中央集中统一领导，确保党团结带领人民不断开创中国特色社会主义事业新局面。

A. 习近平　　B. 中央政治局

C. 中央书记处　　D. 中央政治局常委会

23. 2017 年 10 月 18 日至 24 日，中国共产党第十九次全国代表大会在北京举行。这是在(　　)的关键时期召开的一次十分重要的大会。

A. 全面建成小康社会

B. 全面建设小康社会决胜阶段

C. 全面建成小康社会决胜阶段、中国特色社会主义进入新时代

D. 中国特色社会主义现代化新阶段

24. “新时代”是指(　　)。

A. 中国特色社会主义新时代　　B. 社会主义新时代

C. 共产主义新时代　　D. 中国共产党的新时代

25. 党的十九大报告指出，经过长期努力，中国特色社会主义进入新时代，这是我国发展新的(　　)。

A. 历史机遇　　B. 历史阶段　　C. 历史选择　　D. 历史方位

26. 党的十九大报告指出，中国特色社会主义进入新时代，我国社会主要矛盾已经转化为(　　)之间的矛盾。

A. 人民日益增长的物质文化需求和落后的社会生产力

B. 人民日益增长的物质文化需求和不平衡不充分的发展

C. 人民日益增长的美好生活需要和不平衡不充分的发展

D. 人民日益增长的美好生活需要同落后的社会生产力

27. 新时代中国特色社会主义基本方略指(　　)。

A. “四个全面”战略布局　　B. “十四个坚持”

C. “八个明确”　　D. “五位一体”总体布局

28. 党的十九大报告指出，从现在到 2020 年是全面建成小康社会的(　　)。

A. 决战期　　B. 决胜期　　C. 关键期　　D. 攻坚期

29. 党的十九大报告指出，从 2035 年到 21 世纪中叶，在基本实现现代化

的基础上再奋斗 15 年，把我国建成(　　)。

A. 高度文明、高度民主的社会主义国家

B. 富强民主文明的社会主义现代化国家

C. 富强民主文明和谐的社会主义现代化国家

D. 富强民主文明和谐美丽的社会主义现代化强国

30. 党的十九大报告指出，实现伟大梦想，必须进行伟大斗争、建设伟大工程、推进伟大事业，它们紧密联系、相互贯通、相互作用，其中起决定性作用的是(　　)。

A. 应对重大挑战、抵御重大风险、克服重大阻力、解决重大矛盾的伟大斗争

B. 党的建设新的伟大工程

C. 中国特色社会主义伟大事业

D. 坚持党的领导

31. 党的十九大报告提出了新时代党的建设的总要求，强调要把党的(　　)摆在首位。

A. 思想建设　　B. 组织建设　　C. 政治建设　　D. 制度建设

32. (　　)是改革开放以来党的全部理论和实践的主题，是党和人民历尽千辛万苦、付出巨大代价取得的根本成就。

A. 中国特色社会主义

B. 全面建成小康社会

C. 中华民族伟大复兴

D. 习近平新时代中国特色社会主义思想

33. 习近平新时代中国特色社会主义思想中的“八个明确”回答了(　　)问题。

A. 新时代坚持和发展什么样的中国特色社会主义的问题

B. 新时代如何坚持和发展中国特色社会主义的问题

C. 马克思主义中国化的理论和现实问题

D. 中国特色社会主义的本质问题

34. 习近平新时代中国特色社会主义思想中的“八个明确”指出，明确中国特色社会主义事业总体布局是(　　)。

A. “五位一体”　　B. “四个全面”

C. “十四个坚持” D. “四个自信”

35. 习近平新时代中国特色社会主义思想中的“八个明确”指出，明确中国特色社会主义事业战略布局是(　　)。

A. “五位一体” B. “四个全面”

C. “十四个坚持” D. “四个自信”

36. 习近平新时代中国特色社会主义思想中的“八个明确”指出，明确坚持和发展中国特色社会主义，总任务是(　　)。

A. 全面建成小康社会

B. 实现社会主义现代化和中华民族伟大复兴

C. 坚持和发展马克思主义

D. 保持马克思主义与时俱进的理论品质

37. (　　)是改革开放以来我们党全部理论和实践的鲜明主题，也是习近平新时代中国特色社会主义思想的核心要义。党的十八大以来，我们党的全部理论和实践探索都是围绕这个主题来展开、深化和拓展的。

A. 坚持和发展马克思主义 B. 坚持和发展中国特色社会主义

C. 实现中华民族伟大复兴 D. “两个百年”奋斗目标

38. 习近平新时代中国特色社会主义思想开辟了(　　)。

A. 中国特色社会主义时代特色 B. 决胜全面建设小康社会新局面

C. 社会主义发展新境界 D. 马克思主义新境界

39. 习近平新时代中国特色社会主义思想鲜明贯穿着(　　)。

A. 毛泽东思想 B. 邓小平理论

C. 马克思主义立场、观点和方法 D. 科学社会主义理论

40. 中国特色社会主义是(　　)。

A. 以全新视野深化了对社会主义的认识

B. 具有强烈时代气息的理论

C. 社会主义建设规律的理论体现

D. 改革开放以来党的全部理论和实践的主题

41. 坚持和发展中国特色社会主义，总任务是实现社会主义现代化和中华民族伟大复兴，在全面建成小康社会的基础上，分(　　)在本世纪中叶建成富强民主文明和谐美丽的社会主义现代化强国。

A. 两步走　　B. 三步走　　C. 四步走　　D. 五步走

42. 党的十九大通过的党章修正案，把习近平新时代中国特色社会主义思想确立为(　　)。

A. 中国特色社会主义的基本思想　B. 党的指导思想
C. 社会主义核心价值观的指导思想　D. 人民大众的指导思想

43. 第十三届全国人民代表大会第一次会议把习近平新时代中国特色社会主义思想(　　)。

A. 载入史册　　B. 载入人民代表大会的主体
C. 载入宪法　　D. 载入社会主义核心价值体系

44. 为全面从严治党、把党建设成为中国特色社会主义事业的坚强领导核心提供了强大思想武器的是(　　)。

A. 毛泽东思想和邓小平理论
B. 中国特色社会主义政治
C. 习近平新时代中国特色社会主义思想
D. “八个明确”核心观点

45. 党的十九大报告提出的全面建设社会主义现代化国家的进程的“两个阶段”时间安排是(　　)。

A. 2017 年到 2035 年；2035 年到 21 世纪中叶
B. 2020 年到 2035 年；2035 年到 21 世纪中叶
C. 2000 年到 2021 年；2020 年到 21 世纪中叶
D. 2012 年到 2021 年；2020 年到 21 世纪中叶

46. 伟大斗争、伟大工程、伟大事业和伟大梦想是紧密联系、相互贯通、相互作用、有机统一的整体，其中起决定作用的是(　　)。

A. 伟大斗争　　B. 伟大工程　　C. 伟大事业　　D. 伟大梦想

47. 推动建设相互尊重、公平正义、合作共赢的(　　)，是党中央立足时代发展潮流和我国根本利益作出的战略选择，反映了中国人民和世界人民的共同心愿。

A. 经济关系　　B. 生产关系　　C. 宪政关系　　D. 新型国际关系

48. 推动建立新型国际关系，要在(　　)的基础上发展同世界各国的友好合作。

A. 逢强必霸
B. 和平共处五项原则
C. 中国特色道路
D. 西方主导

49. 党和人民九十多年奋斗、创造、积累的根本成就是(　　)。
A. 中国特色社会主义
B. 中国特色社会主义道路
C. 中国特色社会主义制度
D. 中国特色社会主义理论体系

50. 党和国家事业发生历史性变革的根本政治保障是(　　)。
A. 全国人民的共同努力
B. 世界人民的支持
C. 时代提供的机遇
D. 党中央的坚强领导

二、多选题

1. 2012 年 11 月党的十八大召开，标志着(　　)。
A. 中国已经进入全面建设小康社会的关键性阶段
B. 中国已经进入全面建成小康社会的决定性阶段
C. 开启了全面建设社会主义现代化国家的新时代
D. 开启了中国特色社会主义新时代

2. 2013 年 3 月 17 日，习近平在第十二届全国人民代表大会第一次会议上强调，实现中华民族伟大复兴的中国梦，就是要实现(　　)。
A. 国家富强　B. 民族振兴　C. 人民幸福　D. 经济发展

3. 2013 年 3 月 17 日，习近平在第十二届全国人民代表大会第一次会议的讲话中指出，实现中国梦必须(　　)。
A. 坚持四个自信
B. 走中国道路
C. 弘扬中国精神
D. 凝聚中国力量

4. 中共十八大以来，中国经济发展的一个重大变化是进入新常态，表现在(　　)。
A. 从高速增长转为中低速增长
B. 从高速增长转为中高速增长
C. 经济结构不断优化升级
D. 从要素驱动、投资驱动转向创新驱动

5. 党的十八大以来，我国全面从严治党成效卓著，主要表现在(　　)。
A. 增强政治意识、大局意识、核心意识、看齐意识，坚决维护党中央权

威和集中统一领导

B. 开展党的群众路线教育实践活动和“三严三实”专题教育，推进“两学一做”学习教育常态化制度化

C. 牢牢掌握宪法和基本法赋予的中央对香港、澳门全面管治权

D. 出台中央八项规定，严厉整治形式主义、官僚主义、享乐主义和奢靡之风

6. 党的十九大报告明确指出，我国社会主要矛盾已经转化的主要依据是(　　)。

A. 经过改革开放 40 年的发展，我国社会生产力水平总体上显著提高，很多方面进入世界前列

B. 人民生活水平显著提高，对美好生活的向往更加强烈，不仅对物质文化生活提出了更高要求，而且在民主、法治、公平、正义、安全、环境等方面的要求日益增长

C. 影响满足人们美好生活需要的因素有很多，但主要是不平衡不充分的发展问题

D. 我国在创新能力、产业层次、公共服务等方面与发达国家相比，仍有相当大的差距

7. 党的十八大以来，我国取得历史性成就和历史性变革，中国特色社会主义进入新时代，社会主要矛盾转化为(　　)。

A. 人民日益增长的精神生活需要

B. 不平衡不和谐的发展之间的矛盾

C. 人民日益增长的美好生活需要

D. 不平衡不充分的发展之间的矛盾

8. “四个自信”分别指道路自信、(　　)、文化自信。

A. 理论自信　　B. 旗帜自信　　C. 政治自信　　D. 制度自信

9. 2017 年 12 月，按照中共十九大的要求，中央经济工作会议确定今后三年要重点抓好决胜全面建成小康社会的三大攻坚战是(　　)。

A. 防范化解重大风险　　B. 精准脱贫

C. 污染防治　　D. 供给侧改革

10. 深入践行“三严三实”，其中“三实”是指“谋事要实、创业要实、做人要实”，“三严”是指(　　)。

A. 严以修身　B. 严以齐家　C. 严以律己　D. 严以用权

11. “八个明确”指出，明确中国特色大国外交要(　　)。
A. 推动构建新型国际关系　B. 维护发展中国家利益
C. 推动构建人类命运共同体　D. 促进经济全球化

12. 习近平新时代中国特色社会主义思想的精神实质和丰富内涵，集中体现在党的十九大报告概括的(　　)之中。
A. “五位一体”　B. “四个全面”
C. “八个明确”　D. “十四个坚持”基本方略

13. “八个明确”指出，明确全面推进依法治国总目标是(　　)。
A. 建设中国特色社会主义法治体系　B. 促进社会公平正义
C. 德治与法治相结合　D. 建设社会主义法治国家

14. 坚持和发展中国特色社会主义，在全面建成小康社会的基础上，分两步走在本世纪中叶建成富强、民主、(　　)的社会主义现代化强国。
A. 公平　B. 文明　C. 美丽　D. 和谐

15. 党的十八大以来的实践表明，“四个伟大”已形成一个有机整体，贯穿于党中央治国理政新理念新思想新战略之中。“四个伟大”是(　　)。
A. 进行伟大斗争、建设伟大工程　B. 推进伟大目标、建设伟大社会
C. 建设伟大理想、实现伟大发展　D. 推进伟大事业、实现伟大梦想

16. 习近平新时代中国特色社会主义思想是马克思主义中国化最新成果，是中国特色社会主义理论体系的重要组成部分，是(　　)。
A. 当代中国马克思主义和21世纪马克思主义有机结合
B. 党和国家必须长期坚持并不断发展的指导思想
C. 全党全国人民为实现中华民族伟大复兴而奋斗的行动指南
D. 科学理论的发展观和党建设的发展观

17. 2016年10月，中共十八届六中全会审议通过了(　　)。
A. 《关于新形势下党内政治生活的若干准则》
B. 《中国共产党纪律处分条例》
C. 《中国共产党党内监督条例》
D. 《关于召开党的第十九次全国代表大会的决议》

18. 十八届六中全会明确习近平为党中央的核心、全党的核心，号召全党

同志牢固树立(　　)，坚定不移维护党中央权威和党中央集中统一领导，确保党团结带领人民不断开创中国特色社会主义事业新局面。

A. 政治意识　B. 大局意识　C. 核心意识　D. 看齐意识

19. 2017年10月31日，中共十九大闭幕仅一周，习近平总书记带领中共中央政治局常委赴上海瞻仰中共一大会址、赴浙江嘉兴瞻仰南湖红船，强调要结合时代特点大力弘扬“红船精神”，让“红船精神”永放光芒。“红船精神”的深刻内涵是(　　)。

A. 开天辟地、敢为人先的首创精神

B. 坚定理想、百折不挠的奋斗精神

C. 立党为公、忠诚为民的奉献精神

D. 为了救国救民，不惜付出一切牺牲的精神

20. 2018年3月，十三届全国人大一次会议根据党的十九届二中全会提出的建议，审议通过了《中华人民共和国宪法修正案》，确定了(　　)在国家政治和社会生活中的指导地位。

A. 邓小平理论

B. “三个代表”重要思想

C. 科学发展观

D. 习近平新时代中国特色社会主义思想

21. 党的十九届三中全会审议通过了(　　)。

A.《中共中央关于修改宪法部分内容的建议》

B.《中共中央关于深化国家机构改革的决定》

C.《中共中央关于深化党和国家机构改革的决定》

D.《深化党和国家机构改革方案》

22. 习近平新时代中国特色社会主义思想，是(　　)，必须长期坚持并不断发展。

A. 对马克思列宁主义、毛泽东思想、邓小平理论、“三个代表”重要思想、科学发展观的继承和发展

B. 马克思主义中国化最新成果

C. 中国特色社会主义理论体系的重要组成部分

D. 全党全国人民为实现中华民族伟大复兴而奋斗的行动指南

23. 新时代坚持和发展中国特色社会主义的基本方略包括(　　)。

A. 坚持党对一切工作的领导，坚持以人民为中心，坚持全面深化改革

B. 坚持新发展理念，坚持人民当家作主，坚持全面依法治国

C. 明确中国特色社会主义事业总体布局是“五位一体”

D. 明确中国特色社会主义事业战略布局是“四个全面”

24. 习近平新时代中国特色社会主义思想的丰富内涵包括(　　)。

A. 明确坚持和发展中国特色社会主义，总任务是实现社会主义现代化和中华民族伟大复兴

B. 明确新时代我国社会主要矛盾是人民日益增长的美好生活需要和不平衡不充分的发展之间的矛盾

C. 明确中国特色社会主义事业总体布局是“五位一体”、战略布局是“四个全面”

D. 明确全面深化改革总目标是完善和发展中国特色社会主义制度、推进国家治理体系和治理能力现代化

25. 党的十九大报告指出，全党全国各族人民要紧密团结在党中央周围，高举中国特色社会主义伟大旗帜，锐意进取、埋头苦干，为实现推进现代化建设、完成祖国统一、维护世界和平与促进共同发展三大历史任务，为(　　)继续奋斗。

A. 决胜全面建成小康社会

B. 夺取新时代中国特色社会主义伟大胜利

C. 实现中华民族伟大复兴的中国梦

D. 实现人民对美好生活的向往

26. 关于“十四个坚持”的相关论述，正确的是(　　)

A. 是对党的治国理政重大方针、原则的最新概括

B. 体现了理论与实践相统一，战略与战术相结合

C. 是实现“两个一百年”奋斗目标、实现中华民族伟大复兴中国梦的“路线图”和“方法论”

D. 既是习近平新时代中国特色社会主义思想的重要组成部分，又是落实习近平新时代中国特色社会主义思想的实践要求

27. 中共十八大以来，以习近平同志为核心的党中央提出一系列具有鲜明中国特色的全球治理观，如(　　)

A. 合作共赢理念　　B. 新型大国关系

C. 正确义利观　　D. 构建人类命运共同体的理念

28. 习近平总书记在庆祝中国共产党成立95周年大会上提出“不忘初心，继续前进”，在党的十九大报告中再次强调“不忘初心，牢记使命”是因为(　　)。

A. “不忘初心”就是要牢记共产党的奋斗目标

B. “继续前进”“牢记使命”就是要体现共产党的重任

C. “不忘初心”，就是要搞清楚“从哪里来”

D. “继续前进”“牢记使命”就是要搞清楚“到哪里去”

29. 党的十九大报告提出的中国实现社会主义现代化强国的“两步走”战略的具体安排是(　　)。

A. 从2020年到2035年，基本实现社会主义现代化

B. 从2010年到2020年，全面建成小康社会

C. 从2035年到本世纪中叶，建成社会主义现代化强国

D. 从2020年到本世纪中叶，建成社会主义现代化国家

30. “三去一降一补”中的“三去”是指(　　)。

A. 去产能　　B. 去库存　　C. 去杠杆　　D. 去成本

31. “五位一体”总体布局，是中国共产党对“实现什么样的发展、怎样发展”这一重大战略问题的科学回答，为用中国特色社会主义理论体系武装头脑、指导实践、推动工作，提供了强大思想武器。其中，“五位一体”包括(　　)。

A. 经济建设　　B. 政治建设　　C. 文化建设　　D. 社会建设

32. “四个全面”战略布局是以习近平同志为核心的党中央治国理政战略思想的重要内容，闪耀着马克思主义与中国实际相结合的思想光辉，饱含着马克思主义的立场、观点和方法。“四个全面”包括(　　)。

A. 全面建成小康社会　　B. 全面深化改革

C. 全面依法治国　　D. 全面从严治党

33. 推动建设(　　)的新型国际关系，是党中央立足时代发展潮流和我国根本利益作出的战略选择，反映了中国人民和世界人民的共同心愿。

A. 同盟　　B. 相互尊重　　C. 公平正义　　D. 合作共赢

34. 构建人类命运共同体思想，是一个科学完整、内涵丰富、意义深远的

思想体系，其核心就是“建设(　　)的世界”。

A. 持久和平、普遍安全　　B. 自由平等
C. 共同繁荣　　D. 开放包容、清洁美丽

35. 四个自信指的是(　　)。

A. 道路自信　B. 理论自信　C. 制度自信　D. 文化自信

36. 四个伟大指的是(　　)。

A. 伟大斗争　B. 伟大工程　C. 伟大事业　D. 伟大梦想

三、判断题

1. 经过长期努力，党的十八大以来中国特色社会主义进入了新时代，这是我国发展新的历史方位。(　　)

2. 中国特色社会主义新时代主要是在长期努力的基础上解决强起来的问题。(　　)

3. 我国进入社会主义初级阶段以来的“落后的社会生产”已经发生了新的阶段性变化。(　　)

4. 人民群众对于日益增长的“物质文化需要”层次更高、内容范围更广，出现了阶段性的新特征。(　　)

5. 习近平新时代中国特色社会主义思想与马克思列宁主义、毛泽东思想、邓小平理论、“三个代表”重要思想、科学发展观既一脉相承又与时俱进。(　　)

6. 中国特色社会主义制度的最大优势是中国共产党领导。(　　)

7. 为不断完善中国特色社会主义制度，推进国家治理体系和治理能力的现代化，需要遵循习近平新时代中国特色社会主义思想。(　　)

8. 在新时期下，我们确定了未来的奋斗目标，这就是到中国共产党成立100年时全面建成小康社会；到新中国成立100年时建成富强民主文明和谐美丽的社会主义现代化国家，努力实现中华民族伟大复兴的中国梦。(　　)

9. 实现中国梦必须走中国道路，这就是中国特色社会主义道路。(　　)

10. 生态文明建设必须坚持两条腿走路，既坚持节约资源，又要大力保护

环境，两者同时并进，才能有所成效。（　　）

11. 中国梦是国家情怀、民族情怀、人民情怀相统一的梦，把国家利益、民族利益与每个人的具体利益紧紧联系在了一起。（　　）

12. 实现中国梦必须弘扬中国精神，即以爱国主义为核心的民族精神和以改革创新为核心的时代精神。（　　）

13. 中国经济发展的一个重大变化是进入新常态，即从高速增长转为中高速增长；经济结构不断优化升级；从要素驱动、投资驱动转向创新驱动。（　　）

14. 社会主义核心价值体系是社会主义意识形态的本质体现。（　　）

15. 中国特色社会主义文化是凝聚和激励全国各族人民的重要力量，是综合国力的重要标志。（　　）

16. 全面建成小康社会标志着我们跨过了实现现代化建设第三步战略目标必经的承上启下的重要发展阶段。（　　）

17. 全面小康，覆盖的领域要全面，是“五位一体”全面进步的小康。（　　）

18. 全面建成小康社会，就是要全国达到同一水平小康。（　　）

19. 坚决打好污染防治攻坚战。坚持绿水青山就是金山银山，推进绿色发展，坚持节约优先、保护优先、自然恢复为主，加快形成节约资源和保护环境的空间格局、产业结构、生产和生活方式。（　　）

20. 推进强军事业、建设世界一流军队，必须毫不动摇地坚持党对军队的绝对领导。（　　）

21. 中国发展可以离开世界，但世界繁荣稳定则离不开中国。（　　）

22. 推动建设新型国际关系，是党中央立足时代发展潮流和我国根本利益作出的战略选择，反映了中国人民和世界人民的共同心愿。（　　）

23. 新型国际关系，特别是“新”在合作共赢。（　　）

24. 推动构建人类命运共同体，就是要各国人民同心协力，建设持久和平、普遍安全、共同繁荣、开放包容、清洁美丽的世界。（　　）

25. 进入新时代，中国共产党不需要进行任何形式的斗争。（　　）

26. 全面从严治党已经取得了压倒性胜利，因此从严治党这项工作可以喘口气、歇歇脚了。 （ ）

27. 伟大斗争、伟大工程、伟大事业和伟大梦想是紧密联系、相互贯通、相互作用、有机统一的整体。 （ ）

28. “两学一做”指的是“学党章党规、学系列讲话，做合格党员”。 （ ）

四、思考题

1. 如何实现中华民族伟大复兴的中国梦？

2. “四个全面”战略布局的内涵和重大意义分别是什么？

3. 怎样认识中国特色社会主义进入新时代与我国社会主要矛盾的新变化？

4. 中共十八大以来，党和国家事业发生怎样的历史性变革？其意义是什么？

5. 如何认识习近平新时代中国特色社会主义思想的历史地位？

习题答案

第一章　反对外国侵略的斗争

一、单选题

1. A	2. A	3. B	4. C	5. D	6. C	7. D
8. C	9. C	10. C	11. B	12. B	13. B	14. D
15. D	16. D	17. B	18. C	19. D	20. D	21. A
22. C	23. B	24. C	25. B	26. D	27. D	28. B
29. A	30. C	31. D	32. B	33. B	34. B	35. D
36. A	37. A	38. C	39. B	40. A	41. D	42. B
43. D	44. B	45. A	46. A	47. A	48. B	49. C
50. B	51. B	52. C	53. C	54. D	55. C	56. A
57. D	58. B	59. C	60. B			

二、多选题

1. ABC	2. BCD	3. BD	4. ABD	5. ABCD
6. ACD	7. BC	8. BCD	9. AB	10. ABCD
11. ABCD	12. ABD	13. ABD	14. ACD	15. AB
16. AB	17. CD	18. CD	19. BC	20. ABCD
21. BCD	22. ABC	23. BCD	24. ACD	25. ABCD
26. ABCD	27. ABCD	28. ABD	29. ABCD	30. ABCD

三、判断题

1. 错	2. 错	3. 对	4. 错	5. 对	6. 对	7. 对
8. 对	9. 错	10. 错	11. 对	12. 错	13. 对	14. 对
15. 对	16. 错	17. 错	18. 错	19. 错	20. 对	21. 对
22. 对	23. 错	24. 对	25. 对	26. 对	27. 错	28. 对
29. 错	30. 对					

四、思考题

1. 资本-帝国主义入侵给中国带来了什么?

答：首先，资本-帝国主义入侵，给中华民族带来的是巨大的灾难：

(1) 发动一系列侵略战争，屠杀中国人民，侵占中国领土，划分势力范围，强索赔款，抢掠财富，使中国的经济和社会发展受到了严重的阻碍。

(2) 控制中国的内政、外交，镇压中国人民的反抗，使中国在政治上不再拥有完整的主权。

(3) 通过不平等条约的特权，控制中国的通商口岸，剥夺中国的关税自主权，实行商品倾销和资本输出，操纵中国的经济命脉，使中国在经济上丧失了自己的独立性，中国被纳入资本主义的世界经济体系，成了西方大国的经济附庸。

(4) 对中国进行文化渗透，为侵略中国制造舆论，宣扬殖民主义奴化思想，麻醉中国人民的精神，摧毁中国人民的民族自尊心和自信心。

其次，资本-帝国主义入侵在客观上也给中国资本主义的发展创造了一定的条件，在一定程度上促进了中国资本主义的发展；在思想文化上，把西方先进的思想如民主科学等理念传入中国，有利于中国人民的觉醒和思想意识的提升，客观上也为中国人民进行反帝反封建运动创造了条件。但是这不能抹杀帝国主义对中国的侵略罪行，客观的作用只表明西方殖民者不自觉地充当了历史的工具，资本-帝国主义的主观动机是要把中国变成他们的殖民地。

2. 简述近代中国人民反侵略斗争的重要意义。

答：近代中国人民进行的反侵略斗争，沉重打击了帝国主义侵华的野心，粉碎了他们瓜分中国和把中国变成完全殖民地的图谋。

第一，帝国主义列强对中国发动了一次又一次的侵略斗争，但每次侵略都遭到中国人民的顽强反抗。中国人民的反侵略斗争，给侵略者以沉重打击和深刻的教训，使他们看到了中国人民中所隐含的不甘屈服的伟大力量，认识到中国是一个很难征服的国家，因而不得不放弃瓜分中国的政策。

第二，近代中国人民进行的反侵略斗争，教育了中国人民，振奋了中华民族的民族精神，鼓舞了中国人民反帝反封建的斗志，大大提高了中国人民的民族觉醒意识。

面对帝国主义的侵略，中国人民痛定思痛，开始寻找御敌的方法和救国的道路，救亡图存的思想日益高涨。列强的侵略以及中国人民反侵略斗争的失败，从反面教育了中国人民，极大地提升了中国人民的思考、探索和奋起直追的意识。

第三，近代中国人民在进行反侵略斗争的过程中，所表现出来的不畏强暴、英勇顽强的爱国精神，铸成了中华魂。

在反侵略斗争中，面对亡国灭种的危机，中华民族整体民族利益休戚与共的民族认同感和凝聚力大大增强，所表现出的爱国主义精神永远激励着中国人民，成为中华民族自立自强并永远屹立于世界民族之林的根本所在。

3. 中国近代历次反侵略斗争失败的原因和教训是什么？

从1840年至1919年的80年间，中国人民对外来侵略进行了英勇顽强的反抗，这些斗争具有重大的历史作用。但是，历次的反侵略斗争，都以中国失败而告终。从中国内部因素来分析，其原因主要有以下两个方面：

（1）社会制度的腐败（根本原因）

① 不能制定出有效的克敌之策。清朝后期，封建统治集团闭关自守、闭目塞听、愚昧无知，不了解世界大势，不懂御敌之策。腐败的制度导致吏治极端败坏，许多官员贪污腐化，克扣军饷，不少统兵将帅贪生怕死、临阵脱逃，甚至为自身私利，不惜出卖国家的利益。所以，当时的中国政府根本制定不出克敌制胜的良策。

② 不能重用有用之才。首先，统治者在反侵略斗争中是战、是和态度摇摆不定，使得前线将士常常手足无措；其次，就是不能重用人才，如对英勇抗敌的林则徐等人，却听信谗言，发配边疆；中法战争中老将冯子材等人抗击法军取得大胜，清廷却派人秘密求和；八国联军侵华中，清廷竟下令杀害主战的大臣，等等。爱国将士报国无门。

③ 不敢发动人民群众。清廷害怕民众起来斗争会危及统治者的利益，所以，不能有效地发动和利用人民群众的力量，甚至压制、破坏人民群众的反侵略斗争。

（2）综合国力落后

西方列强是一些工业发达的资本主义国家，拥有雄厚的人力、物力、财力，如英国是世界上最强大的资本主义国家，其殖民地附属国遍及世界各地，被称为“日不落帝国”；而清朝是一个落后的封建国家，生产力低下，仍以手工业为主，落后的小农经济不能为反侵略斗争提供坚实的经济基础。

经济技术的落后直接导致军事装备的落后以及军事科学技术和战略战术

思想的滞后。西方列强船坚炮利，装备精良；清朝武器装备落后，第一次鸦片战争使用的还是长矛大刀，此后虽有所改进，但与西方列强相比还是非常落后的。外国侵略军中的军官、士兵有丰富的文化技术知识，战斗力较强，具有丰富的殖民战争的经验；清朝官兵的素质较差，各级将帅不善指挥，缺少近代科学知识；等等。军事上的落后，是历次反侵略斗争失败的直接原因。

综上所述，正是社会制度的腐败和综合国力的落后，导致近代中国反侵略斗争的失败，其中社会制度的腐败是根本原因。

中国近代反侵略斗争失败的教训：

第一，必须改变帝国主义、封建主义联合统治的半殖民地半封建的社会制度，争取国家的独立和民族的富强。

第二，落后就要挨打，要取得反侵略斗争的胜利，需要在科学技术方面奋起直追，增强综合国力。

第二章　对国家出路的早期探索

一、单选题

1. C　2. B　3. C　4. A　5. C　6. B　7. B
8. C　9. D　10. A　11. D　12. A　13. D　14. C
15. B　16. A　17. A　18. C　19. A　20. D　21. C
22. B　23. A　24. B　25. C　26. B　27. C　28. C
29. C　30. C　31. C　32. A　33. B　34. A　35. A
36. D　37. D　38. B　39. B　40. B　41. D　42. C
43. A　44. C　45. C　46. B　47. C　48. A　49. A
50. A　51. A　52. A　53. A　54. B　55. C　56. C
57. A　58. D　59. B　60. C

二、多选题

1. ABC　2. ABCD　3. BC　4. CD　5. ABCD
6. ABD　7. ABC　8. ABCD　9. ACD　10. ABCD

11. ABC	12. AD	13. ACD	14. ABC	15. ABC
16. ACD	17. ABC	18. ABC	19. ABC	20. CD
21. ABCD	22. ABC	23. ACD	24. AC	25. ABCD
26. ABCD	27. ABC	28. BCD	29. ABCD	30. ACD

三、判断题

1. 错	2. 对	3. 错	4. 对	5. 对	6. 对	7. 对
8. 对	9. 错	10. 对	11. 错	12. 错	13. 对	14. 对
15. 对	16. 对	17. 对	18. 对	19. 对	20. 对	21. 错
22. 对	23. 对	24. 对	25. 错	26. 对	27. 错	28. 对
29. 错	30. 对					

四、思考题

1. 如何认识太平天国农民战争的意义和失败的原因、教训？

答：（1）太平天国农民战争的重要历史意义：

① 沉重打击了清王朝的统治。这场农民革命的矛头直接指向清政府，前后经历14载，波及18个省区，太平天国势力所到之处，猛烈地扫荡了地主阶级的势力，对封建主义的经济基础及上层建筑进行了前所未有的冲击。运动虽然失败了，但强烈撼动了清政府的统治根基。

② 太平天国起义是中国旧式农民战争的最高峰，对当时中国面临的问题提出一系列解决方法，主要体现在运动中颁布的两个纲领：《天朝田亩制度》《资政新篇》。

《天朝田亩制度》是中国近代史上第一个比较完备的农民革命纲领，其核心是解决土地问题，这从根本上否定了封建地主土地制度，它把农民千百年来渴望土地的要求和建立理想社会的愿望系统化、纲领化；《资政新篇》具有鲜明的资本主义色彩，是中国历史上第一个比较系统地阐述发展资本主义的纲领，为以后的革命和斗争提供了启示和借鉴。

③ 太平天国起义也冲击了孔子和儒家经典的正统权威，瓦解了封建思想和文化，在一定程度上削弱了封建统治的精神支柱。

④ 打击了外国资本主义在中国的侵略势力。他们拒绝承认不平等条约和

禁止鸦片的走私；并同外国侵略者浴血奋战，沉重打击了外国侵略势力，捍卫了国家和民族的利益，延缓了中国半殖民地的进程，表明这场农民革命的英雄们，不仅是反封建的主力军，还是反侵略的先锋。

（2）太平天国运动失败的原因

太平天国运动的失败，有客观和主观两个方面的原因。

客观原因：中外反动势力的勾结，使反革命势力远远超过革命势力。太平天国运动最终是被中外反动势力联合绞杀。

主观原因：农民阶级本身的局限性，表现在以下几个方面。

① 没有指导革命的先进理论和彻底的、科学的革命纲领。

太平天国运动是利用拜上帝教来动员和组织群众的，宗教从来就不是先进的理论。天京事变发生，宗教神话破灭，导致思想混乱、人心涣散，致使太平天国由盛而衰。

太平天国运动中先后颁布过两个纲领——《天朝田亩制度》《资政新篇》，但这两个纲领不是科学的革命纲领。

《天朝田亩制度》是希望在落后的小生产的基础上、以平均分配的方法达到大同世界，把整个社会改造成整齐划一的自给自足的小农经济，这是违背社会历史发展潮流的；此外进入阶级社会后，绝对平均主义也是无法实现的，所以《天朝田亩制度》虽颁布了，但根本无法实施。

《资政新篇》提出按资本主义模式改造中国，这符合中国社会发展的客观要求，但是脱离了农民领袖们的阶级，也脱离当时的环境，缺乏实现的土壤，所以在当时的环境下，根本无法付诸实施。

② 无法抵制封建思想的侵蚀。农民阶级不是新的生产力、新的生产方式的代表者，农民的思想意识从属于封建经济和政治权力，太平天国的领导人无法摆脱封建思想的影响和束缚。在定都天京后不久，他们便日益明显地走上封建化道路。中国封建制度已走向没落，而太平天国建立的仍然是一个封建政体，这也体现农民革命的不彻底性。

③ 太平天国军事战略上出现了重大失误，例如，没有和其他力量联合，太平军是孤军奋战，因而难以支撑；天京被困时，拒绝“让城别走”，导致太平天国的最后覆灭。

教训：太平天国革命的失败表明，农民阶级不是新生产力的代表，虽有巨大的革命潜力，但注定不能成为近代革命的领导阶级，单纯的农民战争不能完成反帝反封建、争取民族独立和人民解放的历史任务。

2. 如何认识洋务运动的性质和失败的原因、教训？

答：（1）洋务运动的性质

洋务运动是19世纪60至90年代地主阶级中的洋务派所进行的一场引进西方军事装备、机器生产和科学技术以维护封建统治的“自强”“求富”运动。

所以，洋务运动既是自救运动，又是改革运动，有进步性，也具有落后保守性。

（2）洋务运动失败的原因

第一，洋务运动具有封建性。洋务运动的指导思想是“中学为体，西学为用”，洋务派企图在不改变中国固有的制度与道德的前提下，以吸取西方近代生产技术为手段，来达到维护和巩固中国封建统治的目的，这就严重限制了洋务运动的发展。

第二，洋务运动对外国具有依赖性。西方列强依据种种特权，从政治、经济等方面加紧对中国的侵略和控制，他们并不希望中国真正富强起来，而洋务派处处依赖外国，企图以此来达到自强求富的目的，无异于与虎谋皮。

第三，洋务企业的管理具有腐朽性，洋务企业虽然具有一定的资本主义性质，但其管理是封建式的，企业内部充斥着营私舞弊、贪污中饱、挥霍浪费等腐败现象。

（3）洋务运动失败的教训

洋务运动的失败说明，在不触动封建专制统治，没有摆脱外国资本-帝国主义的侵略和控制的前提下，谋求通过局部的枝节改革发展本国资本主义，达到自强求富的目的是行不通的，地主阶级不能担负起中国近代化的历史重任。

3. 如何认识戊戌维新运动的意义和失败的原因、教训？

（1）戊戌维新运动的历史意义

① 戊戌维新运动是一场爱国救亡运动。这场运动是19世纪末民族危机的产物，是中华民族和帝国主义矛盾激化的表现。维新派大声疾呼救亡图存，要求通过变法，发展资本主义，使中国走上富强之路。维新派的政治实践和思想理论，贯穿着强烈的爱国主义精神，促进了中华民族的觉醒。

② 戊戌维新运动是一场资产阶级性质的政治改良运动。维新派主张以资本主义的君主立宪制度取代封建主义的君主专制制度，颁布了促进资本主义发展的若干措施，在一定程度上冲击了封建制度。

③ 戊戌维新运动是一场思想启蒙运动。变法期间，维新派通过办报刊、学会和学堂，大量地传播了西方的近代自然科学和社会科学知识，介绍了西方的自由平等学说，引入进化论等；同时对封建专制的统治秩序和封建主义的思想文化进行猛烈的抨击，从而推动了人们的思想解放，有利于民主思想在中国传播。

④ 为近代民族资本企业和文教事业的发展创造了有利条件。维新变法颁布的保护和鼓励民族企业发展的政策，激发了人们"实业救国"的热情，在一定程度上推动了中国民族资本主义的发展。此外，维新运动中提出"废科举，兴学校"，倡导学习西学，开办京师大学堂。正是从维新运动开始，中国有了自己创办的近代大学，中国的教育近代化迈出了可喜的一步。

（2）戊戌维新运动失败的原因

戊戌维新运动的失败，主要是由于维新派自身的局限性和以慈禧太后为首的强大的守旧势力的反对和镇压，具体分析如下。

① 客观原因：封建守旧势力远远大于维新派力量。中国民族资本主义经济力量十分微弱，民族资产阶级政治上的代表维新派本身力量弱小，同时维新派手中没有军队，背后没有民众；而旧的封建势力虽然腐朽没落，却处于统治地位，并且手中掌握军队，其实力远远强于维新派，所以维新派根本无法与之抗衡。

② 主观原因：主要原因是维新派本身的局限性，即软弱性和妥协性，具体表现在以下方面。

一是缺少彻底反封建的勇气，不敢否定封建主义。维新派希望推行西方的政治制度，但他们不敢或认识不到必须与中国封建专制统治决裂，只是希望通过和平的、自上而下的改革实现变法图强，把希望寄托在没有实权的皇帝身上。他们希望在中国发展资本主义，却未触及封建经济的基础——封建地主土地所有制。此外，他们在思想上虽提倡西学，但打着孔子的招牌"托古改制"，表现出维新派的软弱性。

二是缺少彻底反帝的勇气，对帝国主义抱有幻想。维新派、维新运动是在反对帝国主义瓜分中国的背景下产生的，在变法的过程中维新派虽大声疾呼救亡图存，但不敢触动帝国主义在华利益。维新派既没有认清帝国主义的本质，又未认清中国封建势力与帝国主义相勾结的实际关系，幻想西方列强支持变法，结果希望落空。

三是缺少广大群众的支持。维新派的活动基本上局限于官僚士大夫和知识分子的小圈子，维新派未唤起民众，没有发动人民支持变法，特别是农民的支持。

（3）戊戌维新运动失败的教训

维新运动的失败证明在半殖民地半封建的中国进行自上而下的改革根本行不通，要使国家复兴必须进行民主革命，推翻帝国主义与封建主义联合统治的半殖民地半封建的社会制度。维新运动是近代中国民族民主革命的重要酝酿阶段，在政治上、思想上为更完全意义上的资产阶级民主革命的发生作了必要的准备。

第三章　辛亥革命与君主专制制度的终结

一、单选题

1. B	2. C	3. C	4. C	5. A	6. D	7. C
8. D	9. B	10. C	11. B	12. B	13. C	14. A
15. A	16. A	17. B	18. B	19. D	20. C	21. D
22. A	23. C	24. A	25. C	26. D	27. B	28. C
29. A	30. B	31. A	32. D	33. A	34. C	35. B
36. C	37. A	38. D	39. C	40. A	41. C	42. A
43. D	44. D	45. D	46. B	47. B	48. B	49. B
50. B	51. C	52. C	53. A	54. D	55. B	56. B
57. A	58. B	59. D	60. C			

二、多选题

1. ABCD	2. ABCD	3. ABC	4. BC	5. BCD
6. BCD	7. ABD	8. ABCD	9. CD	10. ABD
11. ABC	12. BCD	13. BCD	14. ABC	15. ABCD
16. ABC	17. ABC	18. AC	19. ACD	20. AD
21. ABD	22. ABCD	23. ABC	24. BCD	25. ABCD
26. AB	27. ACD	28. AB		

三、判断题

1. 对 2. 错 3. 对 4. 对 5. 错 6. 对 7. 对
8. 对 9. 对 10. 对 11. 错 12. 错 13. 对 14. 错
15. 对 16. 对 17. 错 18. 错 19. 对 20. 错 21. 对
22. 错 23. 对 24. 对 25. 错 26. 错 27. 错 28. 对
29. 错 30. 对

四、思考题

1. 革命派在论战中是如何论述革命的必要性、正义性和进步性的?

同盟会成立后，保皇派极度恐慌，大肆诋毁革命。1905—1907 年，革命派与保皇派之间进行了一场激烈的论战。革命派在论战中论述了革命的必要性、正义性和进步性。

（1）革命的必要性

改良派说，革命会引起下层社会暴乱，招致外国的干涉、瓜分，使中国“流血成河”“亡国灭种”，所以要爱国就不能革命，只能改良、立宪。革命派针锋相对地指出，清政府已是帝国主义的“鹰犬”，因此爱国必须革命，“欲求免瓜分之祸，舍革命末由”。只有通过革命，才能获得民族解放和社会进步。想争取国家的独立、民主、富强，必须用革命的手段，推翻帝国主义、封建主义联合统治的半殖民地半封建的社会制度。

（2）革命的正义性

改良派认为革命要“杀人流血”“破坏一切”，因此不可革命。革命派指出进行革命固然有牺牲，但是，不进行革命，中国人民将长期遭受痛苦。革命虽不免流血，但可“救世救人”。

（3）革命的进步性

革命派指出，人们在革命过程中所付出的努力，乃至作出的牺牲，是以换取历史进步为补偿的，在这个过程中不但贯穿着强烈的爱国主义精神，而且推动着中华民族的觉醒。破坏与建设是革命的两个方面，革命本身正是为了建设，革命的目的是为众生谋幸福，所以革命虽有牺牲，但必将带来历史的进步。

2. 为什么说孙中山领导的辛亥革命引起近代中国的历史性巨大变化?

辛亥革命是一次比较完全意义上的资产阶级民族民主革命，对中国近代化和中国社会发展起到了重要作用。

（1）辛亥革命结束了封建君主专制政体。辛亥革命推翻了清政府，结束了延续两千多年的君主专制制度，沉重打击了封建势力；辛亥革命缔造中国民主共和政体，推动了历史的进步，为中国政治现代化谱写了开篇。

（2）辛亥革命促进民族资本主义发展。辛亥革命削弱了中外反动势力对民族资本主义的束缚和压迫；南京临时政府制定了许多保护工商业的政策法令。辛亥革命为解放生产力和发展社会生产提供了前提和条件，把贫穷落后的中国引向近代工业化的道路。

（3）辛亥革命是中国近代史上又一次伟大的思想解放运动，是民族危机意识、救亡图存意识和推翻封建帝制、建立民主共和意识的聚集和爆发，使民主共和的观念深入人心，促进了中华民族的伟大觉醒，促进爱国主义精神的空前高涨。

（4）打击了帝国主义在中国的势力。辛亥革命推翻了“洋人的朝廷”，使帝国主义以清王朝为工具长期控制中国、奴役中国人民的企图破产。帝国主义在中国再也找不到能够控制全局的统治工具，再也不能在中国建立比较稳定的统治秩序。

（5）辛亥革命还对社会生活近代化产生积极的影响。革命政府提倡社会新风，革除了某些封建社会的风俗和恶习，这不仅有利于改变社会风气，还有助于人们的精神解放。

总之，辛亥革命为中国的进步打开闸门，使中国近代化的历史进程大大推进了一步，给中国社会带来历史性的巨变。

3. 辛亥革命为什么失败？它的失败说明了什么？

辛亥革命失败的原因有客观和主观两个方面的原因。

（1）客观上，中外反动势力联合绞杀了辛亥革命。帝国主义是中国人民最凶恶的敌人，它决不允许中国成为一个独立、富强的资产阶级共和国，从而使自己失去这个占世界人口四分之一的剥削、奴役的对象。因此，帝国主义用政治、外交、军事、经济等各种手段来破坏、干涉中国革命，扶植、支持其代理人袁世凯夺取政权。此外，中国封建势力的根基非常雄厚，它们千方百计地阻挠、破坏中国革命。帝国主义和中国封建势力勾结起来，从外部和内部绞杀了辛亥革命。

（2）主观上，资产阶级革命派本身存在许多弱点和错误：

① 没有提出彻底的反帝反封建的革命纲领。中国民族民主革命的主要敌

人是帝国主义，但是革命党人不仅不敢触动帝国主义在华特权，而且还幻想得到帝国主义对中国革命的同情和支持；对于封建势力，革命党人虽强调建立共和政体，但没有触动封建土地制度和彻底摧毁旧的国家机器，甚至对一些汉族的官僚、地主、军阀寄予幻想，结果把政权拱手让给了袁世凯。

② 没有群众基础，即没有充分发动和依靠人民群众。由于中国民族资产阶级与封建势力有千丝万缕的联系，革命党人不敢依靠、发动反封建的主力军农民，革命中不仅没有解决农民的土地问题，甚至镇压农民的反封建斗争。

③ 没有统一的、坚强的领导核心。资产阶级革命政党——同盟会，其内部组织松懈，派系纷杂，行动不一。武昌起义后，同盟会就陷入四分五裂的状态，当革命军遭北洋军阀进攻时，革命党人根本无法组织有效的反击，只能向袁世凯妥协。

④ 没有建立自己的革命武装。在革命中，资产阶级革命派没有建立一支由自己掌握的革命武装，只是联络和发动会党、新军，依靠军阀的军队发动革命。武昌起义后，各地建立的军队，大部分领导权也掌握在立宪派和旧官僚手中。因此革命党人虽然建立了资产阶级共和国，但不能使革命政权得到巩固和发展。

辛亥革命的失败说明：中国民族资产阶级由于其本身的局限性，不可能彻底推翻帝国主义和封建主义的反动统治，不可能独立领导中国民族民主革命取得胜利。半殖民地半封建的中国不可能走西方国家的老路，资产阶级共和国方案在中国行不通。

辛亥革命的启示：20 世纪初的中国，要想取得革命的成功，必须有一个彻底的反帝反封建的革命纲领；必须有一个坚强的革命政党；必须联合广大的农民群众，解决农民的土地问题；必须建立一支人民的军队，才能最终取得革命的胜利。

第四章　开天辟地的大事变

一、单选题

1. C　2. A　3. C　4. D　5. A　6. D　7. D

8. C　9. A　10. B　11. C　12. A　13. B　14. A

15. B　16. C　17. B　18. D　19. B　20. C　21. C
22. A　23. B　24. A　25. C　26. B　27. D　28. C
29. C　30. A　31. A　32. C　33. A　34. D　35. B
36. C　37. A　38. A　39. B　40. C　41. D　42. B
43. D　44. C　45. D　46. A　47. D　48. C　49. D
50. B　51. C　52. C　53. D　54. C　55. A　56. C
57. D　58. C　59. C　60. B

二、多选题

1. AC　2. AD　3. ABD　4. ABCD　5. ABC
6. ABCD　7. BCD　8. ABCD　9. ABCD　10. ABCD
11. ACD　12. ABCD　13. AD　14. ABC　15. ABCD
16. ABCD　17. ABC　18. ABCD　19. ABCD　20. BCD
21. ACD　22. ABCD　23. ABD　24. ABCD　25. BCD
26. ABCD　27. ABCD　28. ACD　29. ABCD

三、判断题

1. 错　2. 对　3. 错　4. 对　5. 错　6. 对　7. 对
8. 错　9. 错　10. 错　11. 错　12. 对　13 错　14. 对
15. 错　16. 对　17. 对　18. 对　19. 对　20. 错　21. 对
22. 对　23. 对　24. 错　25. 错　26. 对　27. 对　28. 对
29. 错　30. 错

四、思考题

1. 中国的先进分子为什么选择马克思主义？

中国的先进分子选择马克思主义是经过长期的、艰苦的探索之后的必然结果，有其深刻的历史逻辑、理论逻辑和现实逻辑。旧民主主义革命的失败为选择马克思主义提供了重要的历史教训；近代中国思想启蒙运动的发展为选择马克思主义提供了深厚的思想基础；十月革命的胜利为先进知识分子选择马克思主义提供了重要的历史契机；五四运动时期，工人阶级的成长壮大为先进知识分子选择马克思主义提供了坚实的阶级载体；中国传统文化与马克思主义的契合，成为他们自觉接受马克思主义的文化根源；而马克思主义本身的科学性、人民性、实践性和开放性是先进知识分子最终选择马克思主义的根本动因。

（1）新文化运动是中国的先进分子观察、学习和认同马克思列宁主义的文化背景和氛围。科学与民主两面大旗，通过对封建主义的批判和对各种国外新思潮的介绍而具体化，它在思想解放、观念更新和文化进步上的作用毋庸置疑。新文化运动日后的分化，是时代进步的反映，一部分经过新文化运动的知识分子开始转向马克思主义，关注新生的苏维埃俄国。具有初步共产主义思想的知识分子的产生，是中国历史发展的客观要求。

（2）十月革命推动中国的先进分子从资产阶级民主主义转向社会主义。十月革命后中国先进知识分子在多种理论思潮的比较、筛选中接受并选择了马克思主义，为马克思主义的广泛传播及其中国化提供了起点。从社会思潮方面来看，十月革命以前，中国先进分子大多对西方资本主义方案充满渴望，第一次世界大战以极端的形式进一步暴露了资本主义的严重危机，暴露了资本主义制度本身固有的矛盾，使先进分子对西方资本主义的方案产生了怀疑。

俄国十月革命，给中国树立了一个社会主义由理论转化为实践、由理想转化为现实的可操作的榜样，所以，毛泽东说："十月革命一声炮响，给我们送来了马克思列宁主义。"十月革命帮助了中国的先进分子，用无产阶级的宇宙观作为观察国家命运的工具，重新考虑自己的问题。走俄国人的路——这就是结论。十月革命给中国的先进分子以新的革命方法的启示。

（3）五四运动促进了马克思主义在中国的传播及其与中国工人运动的结合，为中国共产党的成立提供了条件。

中国先进分子选择马克思主义的路径：第一，进行马克思主义思想运动。为适应中国社会发展和革命发展的需要，早期马克思主义者在中国掀起了一场研究、传播马克思主义的思想运动。这个运动一开始就重视对马克思主义基本理论的学习，明确地同第二国际的社会民主主义划清界限；注意从中国的实际出发，学习、运用马克思主义理论；开始提出知识分子应当同劳动群众相结合的思想。中国的先进分子在接受马克思主义之后，并没有抛弃而是继承了五四运动的科学和民主的精神，并赋予它们以新的含义，使它们在更高的层次上得到了发扬。第二，将马克思主义与中国工人运动相结合。共产党早期组织的成员开始着重学习马克思主义，同时也开始学习列宁的著作，并同反马克思主义的思想流派进行了斗争；到工人中去开展宣传和组织工作；开展关于建党问题的讨论和实际组织工作。成立了中国共产党，中国共产党一开始就是一个以马克思列宁主义理论为基础的党，是一个区别于第二国际旧式社会改良党的新型工人阶级革命政党。

2. 为什么说中国共产党的成立是“开天辟地的大事变”？

中国共产党的成立是近代中国社会经济、政治发展和思想演变的结果，是马克思主义同中国工人运动相结合的产物，中国共产党的成立具有划时代的意义，是中华民族发展史上一个“开天辟地的大事变”。至此，中国革命和中国人民有了坚强的领导核心。

（1）中国共产党的成立，给灾难深重的中国人民带来了光明和希望。中国人民的斗争之所以屡遭挫折和失败，重要原因之一就是没有一个先进的坚强的政党的领导。自从有了中国共产党，这种局面就根本改变了。

（2）中国共产党的成立使中国革命有了坚强的领导核心，灾难深重的中国人民有了可以依赖的组织者和领导者，中国革命从此不断向前发展，由民主主义革命向社会主义革命推进。

（3）中国共产党的成立使中国革命有了科学的指导思想。中国共产党以马克思主义为指导思想，把马克思主义和中国革命的具体实践相结合，制定了正确的革命纲领和斗争策略，为中国人民指明了斗争的目标。

（4）中国共产党的成立使中国革命有了新的革命方法，并促进了中国革命和世界无产阶级革命之间的联系，为中国革命获得广泛的国际援助和避免走资本主义道路提供了客观可能性。

3. 什么是中国共产党人的初心和使命？为什么必须“不忘初心，牢记使命”？

中国共产党一经成立，就把实现共产主义作为党的最高理想，肩负起实现中华民族伟大复兴的历史使命。中国共产党人的初心和使命，就是为中国人民谋幸福，为中华民族谋复兴。这个初心和使命是激励中国共产党人不断前进的根本动力。一代又一代中国共产党人不忘初心、牢记使命，弘扬建党时期的“红船精神”，即开天辟地、敢为人先的首创精神，坚定理想、百折不挠的奋斗精神，立党为公、忠诚为民的奉献精神，取得一个又一个胜利。

有了这样的初心自觉和使命担当，中国共产党人接过历史接力棒，并经受住历史和人民的检验。我们党以高度的历史自觉，团结带领人民进行浴血奋战，成立了新中国，实现了中国从几千年专制政治和传统生活向人民民主和现代生活的伟大飞跃。我们党团结带领人民完成社会主义革命，实现了中华民族由近代不断衰落到根本扭转命运、持续走向繁荣富强的伟大飞跃。我们党团结带领中国人民进行改革开放，探索实现现代化的中国方式，开辟了中国特色社会主义道路，与时代发展同频共振，最终实现中华民族伟大复兴的目标。

第五章　中国革命的新道路

一、单选题

1. D　2. C　3. B　4. C　5. D　6. D　7. C
8. C　9. B　10. A　11. C　12. A　13. C　14. B
15. A　16. C　17. A　18. B　19. A　20. B　21. D
22. A　23. B　24. D　25. A　26. D　27. D　28. C
29. C　30. B　31. B　32. C　33. D　34. C　35. D
36. D　37. B　38. D　39. A　40. C　41. D　42. C
43. A　44. C　45. D　46. B　47. D　48. D　49. C
50. B　51. D　52. B　53. D　54. A　55. A　56. B
57. D　58. C　59. B　60. B

二、多选题

1. ABCD　2. AD　3. ABC　4. ABD　5. ACD
6. ABCD　7. ABCD　8. BCD　9. ABC　10. ABCD
11. ABCD　12. AC　13. BD　14. ABC　15. BCD
16. ABD　17. BCD　18. ABC　19. ABD　20. ACD
21. BC　22. ACD　23. ABD　24. ABC　25. ABD
26. ABCD　27. ABCD　28. ABCD　29. ACD　30. AC

三、判断题

1. 对　2. 错　3. 对　4. 错　5. 错　6. 对　7. 错
8. 对　9. 对　10. 错　11. 对　12. 错　13. 对　14. 错
15. 错　16. 对　17. 对　18. 错　19. 对　20. 错　21. 错
22. 对　23. 对　24. 对　25. 对　26. 对　27. 对　28. 对
29. 对　30. 对

四、思考题

1. 试论述以毛泽东为代表的中国共产党人是如何探索和开辟革命新道路的。

（1）中共中央对革命新道路的不断探索。从 1927 年“八七”会议确定了土地革命和武装反抗国民党反动派的总方针，到 1930 年 5 月中共中央机关刊物《红旗》发表署名信件，明确提出共产党应当以大部分力量甚至全副力量去发展乡村工作；认为革命势力占据了广大农村之后，可以联合起来包围城市、封锁城市，用广大农村的革命势力向城市进攻，这样，革命必然可以取得胜利。中共中央对革命新道路探索的这些事实说明，以农村为重点，到农村去发动农民，进行土地革命，开展武装斗争，建设根据地，这是 1927 年以后中国革命发展的客观规律所要求的。农村包围城市、武装夺取政权这条革命新道路的开辟，依靠了党和人民的集体奋斗、凝聚了党和人民的集体智慧，而毛泽东是其中的杰出代表。

（2）毛泽东对于革命新道路形成的杰出贡献。一是反复强调“上山”思想，率先把革命的进攻方向指向了农村。向农村进军是革命新道路探索的重要起点。毛泽东无疑是全党迈出这一关键步骤的第一人。二是解决新型革命军队建设中的系列重大问题。最先在起义中打出工农革命军的独立旗帜，早于中共中央的正式决议案。“三湾改编”实现了“支部建在连上”和连队建立士兵委员会的两项重大制度创新，奠定了党对军队绝对领导的体制机制。《古田会议决议》规定红军是一个执行革命政治任务的武装集团，从而确立了思想建党、政治建军的原则。三是系统阐述工农武装割据的思想，奠定了农村革命新道路的坚实基础。1928 年，《中国的红色政权为什么能够存在？》和

《井冈山的斗争》明确指出以农业为主要经济的中国革命，以军事发展暴动，是一种特征；同时还科学地阐述了共产党领导的土地革命、武装斗争与根据地建设这三者之间的辩证统一关系，强调工农武装割据的思想，是共产党和割据地方的工农群众必须具备的一个重要思想。四是科学阐明了农村革命根据地在中国革命中的重要地位的思想。针对共产国际和中共党内某些人担心农村斗争超过城市斗争将不利于中国革命的观点，毛泽东指出：半殖民地中国的革命，只有农民斗争得不到工人的领导而失败，没有农民斗争超过工人的势力而不利于革命本身的。1930 年，《星星之火，可以燎原》一文指出："红军、游击队和红色区域的建立和发展，是半殖民地中国在无产阶级领导之下的农民斗争的最高形式，和半殖民地农民斗争发展的必然结果；并且无疑义地是促进全国革命高潮的最重要因素。"

（3）农村包围城市、武装夺取政权理论，是对 1927 年大革命失败后中国共产党领导的红军和根据地斗争经验的科学概括。它是在以毛泽东为代表的中国共产党人坚决破除当时党内盛行的把马克思主义教条化、把共产国际决议神圣化的倾向的基础上形成的。

农村包围城市、武装夺取政权理论的提出，标志着中国化的马克思主义——毛泽东思想的初步形成。

（4）中国革命新道路理论的历史意义。一方面，随着革命新道路的开辟，中国革命开始走向复兴。虽然遭到国民党政府的残酷封锁"围剿"，根据地依然在曲折中不断发展壮大，成为推动中国革命不断向前的决定性因素。另一方面，农村根据地成为积蓄和锻炼革命力量的主要战略基地。不用主要力量与城市无产阶级联系，而把主要力量放在农村的中国革命新经验对于国际共产主义运动来说是史无前例的，极大地丰富了国际共产主义运动的理论宝库。

2. 20 世纪 20 年代后期至 30 年代前期，中国共产党内为什么连续出现"左"倾错误?

20 世纪 20 年代后期至 30 年代前期，中国共产党内连续出现了三次"左"倾错误：第一次是 1927 年 11 月至 1928 年 4 月的"左"倾盲动错误；第二次是 1930 年 6 月至 9 月以李立三为代表的"左"倾冒险主义；第三次是 1931 年 1 月至 1935 年 1 月以王明为代表的"左"倾教条主义。连续出现这些"左"倾错误，主要有以下原因。

（1）全党的马克思主义理论准备不足，理论素养不高，实践经验也很缺乏，对中国的历史状况和社会状况、中国革命的特点、中国革命的规律不了解，对马克思列宁主义理论和中国革命的实践没有统一的理解。不善于把马克思列宁主义与中国实际全面地、正确地结合起来。

（2）八七会议以后，党内一直存在着的浓厚的“左”倾情绪始终没有得到全面清理。

（3）共产国际对中国共产党内部事务的错误干预和瞎指挥。

（4）半殖民地半封建社会中国的阶级状况使得中国共产党党员中农民和小资产阶级出身的占大多数，使党始终处于小资产阶级思想包围之中，教条主义和经验主义盛行，影响党的思想、路线和政策。

3. 怎样认识长征的意义？为什么要继承和发扬长征精神？

（1）长征意义：长征为中国革命保存了有生力量。这些力量经历了千锤百炼，是党和红军极为宝贵的精华。中国共产党正是依靠这支队伍使革命力量逐步恢复、发展、壮大，直到取得全国的胜利。

中国共产党通过总结成功的经验和失败的教训，一方面反对右倾机会主义，又一方面反对“左”倾机会主义，使自己从两条战线斗争中巩固和壮大起来，把党领导的革命事业坚持下来并推向前进。

红军的长征宣告了国民党反动派消灭中国共产党和红军的图谋彻底失败，宣告了中国共产党和红军肩负着民族希望胜利，实现了北上抗日的战略转移，实现了中国共产党和中国革命事业从挫折走向胜利的伟大转折。

（2）伟大的长征精神，就是把全国人民和中华民族的根本利益看得高于一切，坚定革命的理想和信念，坚信正义事业必然胜利的精神；就是为了救国救民，不怕任何艰难险阻，不惜付出一切牺牲的精神；就是坚持独立自主、实事求是，一切从实际出发的精神；就是顾全大局、严守纪律、紧密团结的精神；就是紧紧依靠人民群众，同人民群众生死相依、患难与共、艰苦奋斗的精神。

长征精神是中华民族极其宝贵的精神财富。伟大的长征精神，作为中国共产党人红色基因和精神族谱的重要组成部分，已经深深融入中华民族的血脉和灵魂，成为社会主义核心价值观的丰富滋养，成为鼓舞和激励中国人民不断攻坚克难、从胜利走向胜利的强大精神动力。广大青年大学生应该自觉做红色基因的传承者，补足“精神之钙”，吸取中国革命历史提供的“最好的营养剂”，早日成人、成才，助力中华民族伟大复兴中国梦的实现。

4. 土地革命战争时期，中国共产党是如何总结历史经验、加强党的思想理论建设的？

在中国革命最艰苦的年代，在中国共产党及其领导的队伍中奋斗的人们，都是要革命的，在反对蒋介石、主张土地革命和红军斗争这些基本问题上，认识是一致的。在一定时期内，一部分领导人之所以犯了全局性的、严重的错误，这主要是因为他们对于马克思列宁主义的理论和中国革命的实践没有统一的理解而来的。正因为如此，毛泽东强调，为了纠正错误必须端正思想路线，实行马克思列宁主义与中国实际相结合的原则。

红军长征到达陕北以后，中共中央用很大的精力去总结历史经验，加强共产党自身的思想理论建设。

1935 年 12 月，毛泽东作了《论反对日本帝国主义的策略》的报告，阐明党的抗日民族统一战线的新政策，批判党内的关门主义和对于革命的急性病，系统地解决了党的政治路线上的问题。

1936 年 12 月，毛泽东写了《中国革命战争的战略问题》这部著作，总结土地革命战争中党内在军事问题上的大争论，系统地说明了有关中国革命战争战略方面等问题。

1937 年夏，毛泽东在延安抗日军政大学讲授《实践论》《矛盾论》，从马克思主义认识论的高度，总结中国共产党的历史经验，揭露和批评党内的主观主义尤其是教条主义错误，深入论证马克思列宁主义基本原理同中国具体实际相结合的原则，科学地阐明了党的马克思主义的思想路线。

以毛泽东为主要代表的中共中央所进行的理论工作，对党的政治路线、军事路线和思想路线进行了拨乱反正，从思想上、理论上武装了中国共产党人，使他们满怀信心地去迎接即将到来的伟大的抗日民族解放战争。

第六章　中华民族的抗日战争

一、单选题

1. B	2. A	3. C	4. C	5. B	6. B	7. C
8. C	9. B	10. C	11. C	12. B	13. C	14. D
15. B	16. D	17. D	18. B	19. D	20. D	21. A
22. B	23. D	24. B	25. D	26. D	27. B	28. B
29. C	30. B	31. C	32. B	33. A	34. C	35. B
36. A	37. C	38. D	39. C	40. D	41. A	42. A

43. D	44. C	45. D	46. B	47. D	48. C	49. B
50. C	51. C	52. D	53. C	54. A	55. D	56. A
57. D	58. D	59. C	60. B			

二、多选题

1. BC	2. BCD	3. ABCD	4. BCD	5. ABCD
6. ABD	7. BCD	8. BD	9. ABD	10. ACD
11. ABC	12. ABCD	13. ABCD	14. ABC	15. ABCD
16. ABC	17. BCD	18. ABCD	19. ABC	20. ABCD
21. AB	22. ABCD	23. ABD	24. ABD	25. ACD
26. ABD	27. BCD	28. CD	29. ABD	30. BCD
31. ABC	32. ABCD	33. BCD	34. ABCD	35. ABD

三、判断题

1. 错	2. 对	3. 错	4. 对	5. 对	6. 错	7. 对
8. 错	9. 对	10. 对	11. 错	12. 对	13. 错	14. 错
15. 错	16. 对	17. 对	18. 错	19. 对	20. 对	21. 错
22. 对	23. 对	24. 错	25. 对	26. 对	27. 对	28. 对
29. 对	30. 对					

四、思考题

1. 为什么说中国的抗战是神圣的民族解放战争？

第一，中国人民抗日战争的胜利，彻底打败了日本侵略者，捍卫了中国的国家主权和领土完整，使中华民族避免了遭受殖民奴役的厄运。抗日战争的胜利，结束了日本在台湾50年的殖民统治，使台湾回到祖国的怀抱。

第二，中国人民抗日战争的胜利，促进了中华民族的觉醒，使中国人民在精神上、组织上的进步达到了前所未有的高度。中国人民通过抗日战争的实践认识到，中国共产党是领导人民争取民族独立和人民解放的坚强核心。正是在抗日战争的基础上，中国共产党领导人民取得了整个新民主主义革命的胜利。

第三，中国人民抗日战争的胜利，促进了中华民族的大团结，弘扬了中华民族的伟大精神。这就是：坚决维护国家和民族利益、誓死不当亡国奴的民族自尊品格；万众一心、共赴国难的民族团结意识；不畏强暴、敢于同敌人血战到底的民族英雄气概；百折不挠、敢于依靠自己的力量战胜侵略者的民族自强信念；开拓创新、善于在危难中开辟发展新道路的民族创造精神。

第四，中国人民抗日战争的胜利，对世界各国夺取反法西斯战争胜利、维护世界和平的伟大事业产生了巨大影响。中国人民为最终战胜世界反法西斯势力作出的历史性贡献，在全世界人民面前树立了一个以弱胜强的范例。中国参与发起成立联合国并成为联合国安理会常任理事国，显著提高了中国的国际地位。

2. 为什么说中国共产党是中国人民抗日战争的中流砥柱?

经历了大革命的失败，中国共产党有了更适合中国国情的纲领，善于发动广大人民群众实行全民族抗战，中国共产党以自己的坚定意志和模范行动在全民族抗战中发挥了中流砥柱的作用，主要体现在以下四点：

第一，以毛泽东为杰出代表的中国共产党人，把马克思列宁主义基本原理同中国革命具体实际相结合，创立和发展了毛泽东思想的科学理论，制定并实施了一套完整的抗战策略和方针，提出了持久战的战略思想，对抗日战争的胜利发挥了重要的思想和战略指导作用。

第二，共产党始终坚持全面抗战路线和持久战的方针，共产党强调要打倒帝国主义，关键在于实行全国军事总动员、全国人民总动员，把抗日战争发展成全民族的抗战，最大限度地动员了全国军民共同抗战，成为凝聚全民族力量的杰出组织者和鼓舞者。全面抗战爆发后，毛泽东针对各种舆论，系统地阐述了抗日战争的特点、前途和发展规律，阐明了持久战的总方针，使全民族认清了抗日战争的性质和发展进程，对全国抗战起到了积极作用。

第三，开辟敌后战场，建立抗日根据地，全国抗战开始后，共产党领导的八路军、新四军进行了多次抗战，粉碎了日军不可战胜的神话，有力地配合了正面战场的作战。中国抗日战争是由两个战场组成：国民党领导的正面战场和共产党领导的敌后战场。共产党在敌后建立了抗日根据地，开展游击战争，有力地打击了日军，牵制了日军大量的军力，减轻了正面战场的压力，对促进战争进入相持阶段起到了重要的作用。尤其是在战争进入相持阶段后，正面战场的作用下降，转入次要位置。敌后游击战成为主要的抗日作战方式，抗日根据地大力发展经济和文化建设，帮助根据地人民渡过难关。

第四，击退国民党的反共摩擦，巩固和壮大抗日民族统一战线。全面抗战期间，国民党先后发起三次反共高潮，人民军队给予了坚决反击，成功击退国民党，同时中国共产党坚持把中日矛盾放在首位，积极争取抗日合作，并制定了“发展进步势力，争取中间势力，孤立顽固势力”的策略和方针，始终坚持抗日民族统一战线。中国共产党人以自己最富于牺牲的爱国主义精神，不怕流血牺牲的模范行动，支撑起全民族救亡图存的希望，成为夺取抗战胜利的民族先锋。

3. 为什么说中国人民抗日战争是弱国战胜强国的范例？其历史意义是什么？

（1）中国人民抗日战争是弱国战胜强国的范例，主要体现在以下四点：

第一，从实力对比来看，抗日战争是弱国对强国的战争。中国是半殖民地半封建社会，政治、军事、经济、文化等各方面综合实力都很落后，是弱国。而日本的军事、经济实力和政治组织力量都很强大。

第二，从战略对比来看，抗日战争是大国对小国的战争。

第三，从战争性质来看，抗战是中国抵御日本侵略的正义战争。中国是正义的、进步的反侵略战争，是得道的；日本是非正义的、野蛮的侵略战争，是失道的。

第四，从战争结果来看，中国人民的抗日战争取得了近代以来的第一次反侵略战争的完全胜利。中国人民彻底打败了日本侵略者，使中华民族避免遭受殖民奴役的厄运。

（2）历史意义

中国人民抗日战争是20世纪中国和人类历史上的重大事件，为中华民族由近代以来陷入深重危机走向伟大复兴确立了历史性的转折点。

中国人民抗日战争的胜利，彻底粉碎了日本军国主义殖民奴役中国的阴谋。中国人民用自己的顽强奋战和巨大牺牲，迫使日本归还甲午战争以后从中国窃取的东北、台湾、澎湖列岛等神圣领土，捍卫了国家主权和领土完整，彻底洗刷了近代以来抗击外国侵略屡战屡败的民族耻辱。

中国人民抗日战争的胜利，促进了中华民族的大团结，形成了伟大的抗战精神。中国人民向全世界展示了天下兴亡、匹夫有责的爱国情怀，视死如归、宁死不屈的民族气节，不畏强暴、血战到底的英雄气概，百折不挠、坚忍不拔的必胜信念，是中国人民弥足珍贵的精神财富，永远是激励中国人民克服一切艰难险阻、为实现中华民族伟大复兴而奋斗的强大精神动力。

中国人民抗日战争的胜利，对世界各国反法西斯战争胜利、维护世界和平的事业产生了巨大的影响。中国人民为最终战胜世界法西斯势力作出的历史性贡献，在全世界人民面前树立了一个以弱胜强的范例，中国国际地位显著提高。中国人民赢得了世界爱好和平人民的尊敬，赢得了崇高的民族声誉。

中国人民抗日战争的胜利，开辟了中华民族伟大复兴的光明前景。经历抗日战争锤炼的中国人民进一步认识到：只有实现民族独立和人民解放，建立人民当家作主的新中国，才能真正实现民族振兴、人民幸福，这为中国共产党团结带领全国人民的继续奋斗，赢得新民主主义革命的胜利、创建中华人民共和国奠定了重要的基础。

第七章　为新中国而奋斗

一、单选题

1. C	2. B	3. C	4. A	5. B	6. D	7. C
8. C	9. A	10. A	11. A	12. B	13. B	14. C
15. D	16. D	17. B	18. C	19. B	20. B	21. D
22. C	23. B	24. D	25. B	26. D	27. D	28. A
29. D	30. C	31. C	32. C	33. A	34. D	35. C
36. A	37. A	38. B	39. B	40. C	41. B	42. A
43. A	44. A	45. A	46. C	47. D	48. A	49. A
50. C	51. B	52. B	53. D	54. B	55. C	56. A
57. C	58. C	59. D	60. D			

二、多选题

1. ACD	2. ABC	3. ABC	4. ABC	5. AB
6. ABC	7. AB	8. ABD	9. AB	10. ABC
11. ABCD	12. AD	13. ACD	14. ABC	15. ABC
16. ACD	17. ABD	18. ABCD	19. ABC	20. BC

21. CD	22. AD	23. ABCD	24. BD	25. CD
26. ABCD	27. ABC	28. ABCD	29. ABCD	30. ABC

三、判断题

1. 对	2. 对	3. 错	4. 错	5. 对	6. 错	7. 对
8. 错	9. 错	10. 对	11. 对	12. 对	13. 错	14. 对
15. 对	16. 对	17. 对	18. 对	19. 错	20. 错	21. 错
22. 错	23. 对	24. 对	25. 对	26. 对	27. 对	28. 对
29. 对						

四、思考题

1. 抗战胜利后，国民党政府为什么会陷入全民的包围中并迅速走向崩溃？

第一，国民党政府由于专制独裁统治和官员们的贪污腐败、大发国难财，抗战后期在大后方便已严重丧失人心。在抗战胜利时，曾经对它抱有很大希望的原沦陷区人民，也很快感到极度的失望。一个重要原因，就是国民党政府派出的官员到原沦陷区接收时，把接收变成了“劫收”，大发胜利财。

第二，国民党之所以迅速失去民心，还由于违背全国人民迫切要求休养生息、和平建国的意愿，执行反人民的内战政策。为了筹措内战经费，国民党政府除了对人民征收苛重的捐税以外，更无限制地发行纸币，导致恶性通货膨胀，工农业生产严重萎缩。

这样，国民党当局就将全国各阶层人民置于饥饿和死亡的界线上，因而就迫使全国各阶层人民团结起来，同蒋介石反动政府作斗争，除此以外，再无出路。

2. 如何认识民主党派的历史作用？中国共产党领导的多党合作、政治协商的格局是怎样形成的？

（1）民主党派的作用：中国各民主党派的政治纲领不尽相同，但都主张爱国、反对卖国，主张民主、反对独裁，在抗战中对反抗日本帝国主义的侵略，特别是文化侵略，对国统区抗日民主运动的发展都起到了积极作用。抗战胜利后，民主党派作为“第三方面”，主要与共产党一起反对国民党的内战、独裁政策，为和平民主而奔走呼号。虽然有些党派后来跟着国民党走，但民盟等大多数民主党派人士是反对国民党一党独裁的，并与共产党一起为和平、民主、自由而斗争，还积极参加和支持国民党统治区的爱国民主运动，有力地支援第二条战线的斗争，特别是在新中国成立前，同意接受共产党领导，参加人民政协，为新中国的成立和新民主主义革命的胜利做出了自己的贡献。

（2）中国共产党领导的多党合作、政治协商格局的形成：

① 各民主党派成立时，大多同中国共产党建立了不同程度的合作关系，并在斗争实践中逐步地发展了这种关系，无论是在举行国共谈判、召开政协会议期间，还是在解放战争的进行过程中，中国共产党都及时地向各民主党派通报情况，认真听取他们的意见，并就一些重大问题同他们进行协商，以便采取一致行动。中共一贯鼓励和支持各民主党派反对国民党独裁统治的斗争，同时又十分注意尊重和维护其应有的政治地位和合理的利益。对于他们的某些不妥当的意见，则善意地提出批评，诚恳地帮助其进步，这使得中共与民主党派的关系更加融洽，合作方式不断地发展、完善。

② 国民党政府坚持一党独裁，迫害民主党派进步人士，使得民主党派逐步转移到新民主主义革命的立场上，特别是 1948 年 1 月，民盟公开表示与共产党携手合作。1949 年 1 月，民主党派和无党派人士联合发表《对时局的意见》，表示愿意接受中国共产党的领导，拥护建立人民民主的新中国。

③ 中国共产党也邀请各民主党派“积极参政，共同建设新中国”。1949 年 9 月，各民主党派积极参加了中国人民政治协商会议，这标志着各民主党派正式接受了中国共产党领导，确认了社会主义的正确性。民主党派由在野党变成人民民主专政的参政党，中国共产党领导的多党合作、政治协商制度在此基础上也基本形成。

3. 为什么说没有共产党就没有新中国？中国共产党领导的中国革命取得胜利的基本经验是什么？

（1）第一，中国共产党作为工人阶级的政党，不但代表着中国工人阶级的利益，而且代表着整个中华民族和全中国人民的利益。

第二，中国共产党是用马克思主义科学理论武装起来的，它以中国化的马克思主义，即马克思列宁主义基本原理与中国实际相结合的毛泽东思想作为一切工作的指针。

第三，中国共产党人在革命过程中始终英勇地站在斗争的最前线，以实际行动表明了自己是最有远见，最富于牺牲精神，最坚定，而又最能虚心体察民情并依靠群众的坚强的革命者，从而赢得了广大中国人民的衷心拥护。

第四，“没有共产党就没有新中国”。这是中国人民基于自己的切身体验所确认的客观真理。

（2）基本经验

毛泽东指出：“统一战线，武装斗争，党的建设，是中国共产党在中国革命中战胜敌人的三个法宝，三个主要的法宝。”

第一，建立广泛的统一战线。由于中国人民受到帝国主义、封建主义和官僚资本主义的严重压迫，在中国建立革命统一战线的群众基础是十分广泛的。建立广泛的统一战线，是坚持和发展革命的政治基础。

统一战线中存在两个联盟：一是工人阶级同农民和其他劳动人民的联盟，主要是工农联盟；二是工人阶级同民族资产阶级和其他可以合作的非劳动人民的联盟，主要是同民族资产阶级的联盟，同时还包括与一部分大资产阶级的暂时的联盟。必须坚决依靠第一个联盟，争取建立和扩大第二个联盟。巩固和扩大统一战线的关键，是坚持工人阶级及其政党的领导权。为此，必须率领同盟者向共同的敌人作坚决的斗争并取得胜利；必须对被领导者给予物质福利，至少不损害其利益，同时对被领导者给予政治教育；必须对同工人阶级争夺领导权的资产阶级采取又联合、又斗争的政策。

第二，坚持革命的武装斗争。由于中国没有资产阶级民主，反动统治阶级凭借武装力量对人民实行独裁恐怖统治，革命只能以长期的武装斗争作为主要形式。

中国的武装斗争实质上是工人阶级领导的农民战争。中国共产党在农村建立革命根据地，以农村包围城市，才能逐步地争取革命的胜利。必须建立一支在工人阶级政党领导下的、具有严格纪律的、同人民群众保持亲密联系的新型人民军队。没有一支人民的军队，便没有人民的一切。

第三，加强共产党自身的建设。在农民和小资产阶级占人口大多数的中国，建立一个工人阶级先锋队的党是极其艰巨的任务。毛泽东建党学说成功地解决了这个难题。

中国共产党首先着重党的思想建设，要求党员用工人阶级思想克服资产阶级、小资产阶级思想，解决思想上入党的问题；培育和发扬理论与实际相结合、密切联系群众和自我批评的作风；在党内斗争中实行“惩前毖后，治病救人”的方针；创造了在全党通过批评与自我批评进行马克思主义思想教育的整风形式等。

第八章 社会主义基本制度在中国的确立

一、单选题

1. B	2. A	3. B	4. A	5. A	6. B	7. C
8. A	9. A	10. B	11. B	12. C	13. B	14. B
15. B	16. C	17. D	18. C	19. B	20. C	21. D
22. A	23. A	24. B	25. B	26. D	27. B	28. C
29. C	30. A	31. B	32. C	33. C	34. D	35. C
36. D	37. D	38. B	39. C	40. C	41. C	42. C
43. C	44. C	45. B	46. C	47. C	48. B	49. D
50. B	51. B	52. A	53. B	54. C	55. D	56. A
57. B	58. B	59. B				

二、多选题

1. AC	2. ABC	3. ABD	4. BD	5. ABCD
6. BCD	7. ABCD	8. ACD	9. BCD	10. ABCD
11. ABCD	12. ABC	13. ABCD	14. ABCD	15. ABCD
16. AC	17. AB	18. BC	19. ABCD	20. ACD
21. ABCD	22. ABC	23. ABD	24. AC	25. ABC
26. ABCD	27. ABD	28. ABCD	29. ABCD	30. ABC
31. ABC	32. AB	33. ABCD	34. ABCD	35. AD
36. AC	37. ABC	38. BCD	39. ABCD	40. ABCD

三、判断题

1. 对	2. 对	3. 对	4. 对	5. 对	6. 对	7. 对
8. 对	9. 对	10. 对	11. 对	12. 错	13. 对	14. 对
15. 错	16. 对	17. 错	18. 错	19. 错	20. 对	21. 对

22. 错 23. 对 24. 错 25. 对 26. 对 27. 错 28. 对
29. 对 30. 错 31. 对 32. 对 33. 错 34. 对 35. 错
36. 对 37. 错 38. 对 39. 错

四、思考题

1. 为什么说新民主主义社会是一个过渡性的社会？

新民主主义社会存在五种经济成分，即社会主义性质的国营经济、半社会主义性质的合作社经济、农民和手工业者的个体经济、私人资本主义经济和国家资本主义经济。其中国营经济处于领导地位。

（1）在我国新民主主义社会中，社会主义的因素不论在经济上还是政治上都已经居于领导地位，但非社会主义因素仍占很大的比重。由于社会主义因素的优越性和领导地位，加上当时有利于发展社会主义的国际条件，决定了社会主义因素将不断增长并获得最终胜利。

（2）为了促进社会生产力进一步发展，为了实现国家富强、民族振兴，我国新民主主义社会必须适时地逐步过渡到社会主义社会。

（3）我国新民主主义社会是属于社会主义体系的，是逐步过渡到社会主义社会的过渡性质的社会。

2. 怎样理解社会主义制度在中国的确立是历史和人民的选择？

（1）社会主义性质的国营经济力量相对来说比较强大，它是实现国家工业化的主要基础。而国家的社会主义工业化，是国家独立和富强的必要条件。

（2）资本主义经济力量弱小、发展困难，不可能成为中国工业起飞的基础。

（3）对个体农业进行社会主义改造，是保证工业发展、实现国家工业化的一个必要条件。

（4）当时的国际环境也促使中国选择社会主义。

总之，这一选择是十分必要的、完全正确的。通过这一选择，中国共产党创造性地完成了由新民主主义到社会主义的过渡，实现了中国历史上最伟大、最深刻的社会变革，开始了在社会主义道路上实现中华民族伟大复兴的历史征程。

3. 为什么说完成社会主义改造是中国历史上最伟大最深刻的社会变革？

社会主义改造的基本完成，标志着社会主义制度在中国的确立，实现了中国历史上最深刻、最伟大的社会变革，为中国的社会主义现代化建设奠定了基础。

(1) 社会主义改造能够比较顺利地实现消灭私有制这样复杂、困难和深刻的社会变革，不但没有造成生产力的破坏，而且促进了工农业和整个国民经济的发展，并且得到人民群众的普遍拥护而没有引起巨大的社会动荡，这的确是伟大的历史性胜利。

(2) 社会主义改造的基本完成使我国社会的经济结构发生了根本变化，几千年来以生产资料私有制为基础的阶级剥削制度基本上被消灭，社会主义经济成了国民经济中的主导成分，社会主义经济制度在中国基本确立。它与1954年召开的第一届全国人民代表大会确立的社会主义政治体制一起完成了历史上最深刻、最伟大的社会变革，中国从新民主主义社会进入社会主义初级阶段。

(3) 中国共产党在实践中把马列主义的基本原理同中国社会主义革命的具体实际相结合，创造性地开辟了一条适合中国特点的社会主义改造道路，以新的经验和思想丰富了马克思主义的科学社会主义理论。

(4) 社会主义改造的胜利，大大解放了我国的社会生产力，促进了生产力发展，为社会主义建设的发展、人民生活水平的提高开辟了广阔的前景。

总之，中华人民共和国的成立和社会主义制度的建立，是20世纪中国历史上的第二次历史性巨变。这是中国从古未有的人民革命的大胜利，为中国的社会主义现代化建设创造了前提，奠定了基础。

第九章　社会主义建设在探索中曲折发展

一、单选题

1. B	2. C	3. C	4. D	5. C	6. A	7. B
8. D	9. D	10. C	11. C	12. A	13. C	14. B
15. A	16. B	17. C	18. C	19. A	20. B	21. B
22. D	23. C	24. D	25. A	26. D	27. B	28. B
29. A	30. B	31. C	32. B	33. C	34. D	35. D
36. C	37. C	38. D	39. D	40. C	41. C	42. D

43. C　44. C　45. B　46. B　47. C　48. B　49. C
50. A　51. B　52. D

二、多选题

1. ABC　2. AD　3. ABCD　4. ABD　5. ABCD
6. ACD　7. ABCD　8. ACD　9. ABCD　10. ACD
11. ABCD　12. ABCD　13. ABC　14. AD　15. ABC
16. ABC　17. ABCD　18. AB　19. ABD　20. BC
21. AB　22. BC　23. ABD　24. BCD　25. CD
26. CD

三、判断题

1. 对　2. 对　3. 对　4. 对　5. 错　6. 对　7. 对
8. 错　9. 对　10. 对　11. 错　12. 对　13. 对　14. 对
15. 对　16. 错　17. 对　18. 对　19. 对　20. 对　21. 对
22. 对　23. 对　24. 对　25. 对　26. 错　27. 对　28. 错
29. 对　30. 错　31. 错　32. 对　33. 对　34. 对　35. 对
36. 对　37. 对　38. 对　39. 对　40. 对　41. 对　42. 对
43. 对　44. 对　45. 对　46. 对　47. 对　48. 对　49. 错
50. 对

四、思考题

1. 中国共产党人在1956年至1957年的早期探索中对社会主义建设有哪些理论建树？

（1）《论十大关系》的发表，是以毛泽东为主要代表的中国共产党人开始探索中国自己的社会主义建设道路的标志，它在新的历史条件下从经济方面和政治方面提出了新的指导方针，为中共八大的召开做了理论准备。

（2）中共八大路线的制定。中共八大的路线是正确的，它为社会主义事业的发展和党的建设指明了方向。中共八大后，中国共产党在探索过程中又提出一些重要的新思想，如“可以消灭了资本主义，又搞资本主义”等。

(3)《关于正确处理人民内部矛盾的问题》的发表。它创造性地阐述了社会主义社会矛盾学说，是对科学社会主义理论的重要发展，对中国社会主义事业具有长远的指导意义。

(4) 进行整风运动等思想是中共八大路线的继续和发展，是党探索社会主义建设道路的新成果。

2. 怎样认识建立独立的、比较完整的工业体系和国民经济体系的重大意义?

独立的、比较完整的工业体系和国民经济体系的建立，是了不起的巨大成就，是中国人民在中国共产党领导下英勇奋斗的伟大成果，是社会主义制度优越性的生动体现，具有极其重要的战略意义，它为我们继续推进社会主义建设开拓了可以依靠的阵地，为实现现代化的伟大事业奠定了初步的物质基础。

随着独立的比较完整的工业体系的形成，工业在国民经济中的主导地位日益明显，发挥着越来越重要的作用。工业部门不仅为改善人民生活提供了大量的日用消费品，为国民经济其他部门和国防建设提供了大批燃料、动力、原材料和技术装备，还为出口提供了相当数量的产品，它使中国在赢得政治上的独立之后赢得了经济上的独立。

集中统一的经济管理体制，在当时物资缺乏、经济基础薄弱的条件下，起到了积极作用。它有利于把有限的资金、物力和技术力量集中起来，保证重点建设项目的完成，为中国以后的发展奠定了牢固的物质技术基础。

3. 为什么说毛泽东是探索中国社会主义建设道路的开创者？怎样正确认识和评价毛泽东的历史地位?

(1) 毛泽东是探索中国社会主义建设道路的开创者：

① 关于我国基本国情和社会主义发展阶段的探索。首先，中国是一个大国，人口多、底子薄，经济文化落后，生产力不发达、也很不平衡，这是我国的基本国情。其次，社会主义分为两个阶段：第一阶段是不发达的社会主义；第二阶段是比较发达的社会主义。社会主义制度还需一个完善和巩固的过程，并且这个过程的时间很长，任务也很艰巨。

② 关于社会主义民主政治建设方面的探索。毛泽东提出要把“造成一个又有集中又有民主，又有纪律又有自由，又有统一意志、又有个人心情舒畅、生动活泼，那样一种政治局面”作为努力的目标；把正确处理人民内部矛盾

作为国家政治生活的主题，坚持人民民主，尽可能团结一切可以团结的力量；处理好中国共产党同各民主党派的关系，坚持长期共存、互相监督的方针，巩固和扩大爱国统一战线；切实保障人民当家作主的各项权利，让人民参与国家和社会事务管理；社会主义法制要保护劳动人民利益，保护社会主义经济基础，保护社会生产力。

③ 关于社会主义文化建设方面的探索。毛泽东提出要坚持马克思主义的指导地位，实行“百花齐放、百家争鸣”的方针，对古今中外的优秀文化实行“古为今用、洋为中用、百花齐放、推陈出新”的方针；思想政治工作是经济工作和其他一切工作的生命线，要实行政治和经济的统一、政治和技术的统一、又红又专的方针；知识分子在革命和建设中具有重要作用，要建设一支宏大的工人阶级知识分子队伍；要向科学进军，不能走世界各国发展科学技术的老路，而应独立自主、自力更生、奋发图强，努力赶超世界先进水平。

④ 关于在执政条件下加强共产党自身建设方面的探索。毛泽东最早觉察帝国主义“和平演变”战略的危险，号召共产党人提高警惕，同这种危险作斗争。同时，他又十分警惕党在执政以后可能产生的种种消极现象。为此，他提出：共产党员必须坚持共产主义的远大理想，务必继续地保持谦虚、谨慎、不骄、不躁的作风，继续地保持艰苦奋斗的作风；各级领导干部必须自觉地运用人民赋予的权力为人民服务，依靠人民群众行使这个权力，并接受人民群众监督；必须以普通劳动者的姿态出现，平等待人；必须防止在共产党内、在干部队伍中形成特权阶层、贵族阶层，坚决地反对党内和干部队伍中的腐败现象；必须切实解决“培养无产阶级的革命接班人”的问题。

⑤ 关于国防建设和军队建设方面的探索。毛泽东提出必须加强国防、建设现代化正规化国防军和发展现代化国防技术的重要指导思想，还提出国防建设要服从国家经济建设大局的方针，并为巩固国防制定了积极防御的战略思想，积累了军事斗争同政治斗争、外交斗争相结合的独创性经验。

以毛泽东为主要代表的中国共产党人所阐明的这些重要思想，为党继续探索并系统形成中国特色社会主义理论提供了重要的基础。

（2）正确认识和评价毛泽东的历史地位：

① 从毛泽东的一生来看，他不愧是伟大的马克思主义者，是伟大的无产阶级革命家、战略家和理论家。

② 他为我们党和中国人民解放军的创立和发展，为中国各族人民解放事

业的胜利，为中华人民共和国的缔造，作出了重大的贡献。

③ 他在他的后半生，领导党和人民抵御来自国外的威胁和压力，维护了国家的独立，在中国建立起社会主义基本制度，并对中国建设社会主义道路进行了探索。这些重要的历史功绩和探索的首创精神，是应该充分肯定的。

④ 他在探索过程中发生的错误，特别是“文化大革命”这样严重的错误，使中国的社会主义事业走了大的弯路，这是应该引为沉痛教训的。

⑤ 全面评价毛泽东的一生，他的功绩是第一位的，是不可磨灭的。

第十章　中国特色社会主义的开创与接续发展

一、单选题

1. D　2. C　3. B　4. A　5. B　6. A　7. A
8. C　9. C　10. C　11. D　12. C　13. B　14. A
15. B　16. B　17. A　18. C　19. C　20. A　21. D
22. A　23. D　24. B　25. B　26. A　27. B　28. B
29. C　30. A　31. B　32. A　33. C　34. C　35. B
36. A　37. D　38. D　39. B　40. B　41. A　42. B
43. B　44. C　45. B　46. A　47. B　48. C　49. C
50. C

二、多选题

1. ABD　2. ABCD　3. BCD　4. BCEF　5. ABCD
6. ABCD　7. AB　8. ACDE　9. ABD　10. ABCD
11. ABC　12. AC　13. ABCDE　14. ABCD　15. ABCD
16. ABD　17. ABCD　18. ABCDE　19. ACD　20. ABD
21. ABCD　22. ABCD　23. ABCD　24. BCD　25. AB
26. ABC　27. BD　28. ABD　29. ABC　30. ABCD

三、判断题

1. 对	2. 对	3. 对	4. 对	5. 对	6. 对	7. 对
8. 对	9. 错	10. 错	11. 错	12. 对	13. 对	14. 对
15. 对	16. 对	17. 对	18. 对	19. 错	20. 错	21. 对
22. 对	23. 错	24. 错	25. 对	26. 对	27. 对	28. 对

四、思考题

1. 为什么说中共十一届三中全会是新中国成立以来伟大的历史性转折？

1978 年 12 月 18 日至 22 日，中共十一届三中全会在北京召开，主要内容如下：（1）彻底否定“两个凡是”的错误方针，实现了思想路线的拨乱反正。（2）果断地停止使用“以阶级斗争为纲”的口号，作出了工作重点转移的决策，实现了政治路线的拨乱反正。（3）形成了以邓小平为核心的党中央领导集体，取得了组织路线拨乱反正的重要成果。（4）恢复了党的民主集中制的优良传统，提出使民主制度化、法律化的重要任务。（5）审查和解决了历史上遗留的一批重大问题和一些重要领导人的功过是非问题，开始了系统清理重大历史是非的拨乱反正。（6）这次全会结束了粉碎“四人帮”后两年在徘徊中前进的局面，揭开了我国改革开放的序幕，开辟了建设中国特色社会主义的新道路，标志着中国从此进入了改革开放和社会主义现代化建设的历史新时期。因此，党的十一届三中全会是新中国成立以来党和国家历史上的伟大转折。

2. 试论述我国社会主义现代化建设的“三步走”发展战略。

第一步，实现国民生产总值比 1980 年翻一番，解决人民的温饱问题，这个任务已经基本实现；第二步，到 20 世纪末，使国民生产总值再增长一倍，人民生活达到小康水平；第三步，到 21 世纪中叶，人均国民生产总值达到中等发达国家水平，人民生活比较富裕，基本实现现代化。

3. 中国特色社会主义是怎样开创的？

以毛泽东同志为核心的党的第一代中央领导集体带领全党全国各族人民完成了新民主主义革命，进行了社会主义改造，确立了社会主义基本制度，成功实现了中国历史上最深刻最伟大的社会变革，为当代中国一切发展进步奠定了根本政治前提和制度基础。在探索过程中，虽然经历了严重曲折，但党在社会主义建设中取得的独创性理论成果和巨大成就，为新的历史时期开创中国特色社会主义提供了宝贵经验、理论准备和物质基础。

以邓小平同志为核心的党的第二代中央领导集体带领全党全国各族人民深刻总结我国社会主义建设正反两方面经验，借鉴世界社会主义历史经验，作出把党和国家工作中心转移到经济建设上来、实行改革开放的历史性决策，深刻揭示社会主义本质，确立社会主义初级阶段基本路线，明确提出走自己的路、建设中国特色社会主义，科学回答了建设中国特色社会主义的一系列基本问题，成功开创了中国特色社会主义。

4. 中国特色社会主义是怎样接续发展的?

以江泽民同志为核心的党的第三代中央领导集体带领全党全国各族人民坚持党的基本理论、基本路线，在国内外形势十分复杂、世界社会主义出现严重曲折的考验面前捍卫了中国特色社会主义，依据新的实践确立了党的基本纲领、基本经验，确立了社会主义市场经济体制的改革目标和基本框架，确立了社会主义初级阶段的基本经济制度和分配制度，开创全面改革开放新局面，推进党的建设新的伟大工程，成功把中国特色社会主义推向21世纪。

党的十六大以来，以胡锦涛为代表的党中央抓住重要战略机遇期，在全面建设小康社会进程中推进实践创新、理论创新、制度创新，强调坚持以人为本、全面协调可持续发展，提出构建社会主义和谐社会、加快生态文明建设，形成中国特色社会主义事业总体布局，着力保障和改善民生，促进社会公平正义，推动建设和谐世界，推进党的执政能力建设和先进性建设，成功在新的历史起点上坚持和发展了中国特色社会主义。

5. 试论述邓小平南方谈话的内容和意义。

(1) 内容：①强调革命是解放生产力，改革也是解放生产力。坚持基本路线一百年不动摇。判断一切工作和改革开放是非得失的标准，主要看是否有利于发展社会主义社会的生产力，是否有利于增强社会主义国家的综合国力，是否有利于提高人民的生活水平。②指出计划和市场都是经济手段。社会主义的本质是解放生产力，发展生产力，消灭剥削，消除两极分化，最终达到共同富裕。③强调发展才是硬道理。抓住时机，发展自己，关键是发展经济。④强调要坚持两手抓，两手都要硬。一手抓改革开放，一手抓打击各种犯罪活动。⑤强调我国的社会主义还处在初级阶段。社会主义经历一个长过程发展后必然代替资本主义。

（2）意义：邓小平南方谈话科学地总结了十一届三中全会以来党的基本实践和基本经验，明确回答了长期困扰和束缚人们思想的许多重大认识问题，对整个社会主义现代化建设事业产生了重大而深远的影响。

6. 试论述20世纪中国经历的三次历史性巨变。

20世纪以来，中国共经历了三次历史性的巨大变化：第一次是辛亥革命，推翻统治中国几千年的君主专制制度，为中国的进步打开了闸门；第二次是中华人民共和国的成立和社会主义制度的建立，为实现中华民族伟大复兴创造了前提；第三次是改革开放，为实现社会主义现代化而奋斗，大幅度提高了我国的综合国力和人民生活水平，为全面建成小康社会、基本实现社会主义现代化开辟了广阔的前景。这三次历史性巨大变化，从根本上改变了中国人民的前途和命运，决定了中国历史的发展方向。

第十一章　中国特色社会主义进入新时代

一、单选题

1. B	2. B	3. C	4. B	5. C	6. C	7. A
8. D	9. C	10. A	11. C	12. A	13. D	14. C
15. C	16. C	17. C	18. B	19. C	20. D	21. D
22. A	23. C	24. A	25. D	26. C	27. B	28. B
29. D	30. B	31. C	32. A	33. A	34. A	35. B
36. B	37. B	38. D	39. C	40. D	41. A	42. B
43. C	44. C	45. B	46. B	47. D	48. B	49. A
50. D						

二、多选题

1. BD	2. ABC	3. BCD	4. BCD	5. ABD
6. ABC	7. CD	8. AD	9. ABC	10. ACD
11. AC	12. CD	13. AD	14. BCD	15. AD
16. ABC	17. AC	18. ABCD	19. ABC	20. CD

21. CD 22. ABCD 23. AB 24. ABCD 25. ABCD
26. ABCD 27. ABCD 28. CD 29. AC 30. ABC
31. ABCD 32. ABCD 33. BCD 34. ACD 35. ABCD
36. ABCD

三、判断题

1. 对 2. 对 3. 对 4. 对 5. 对 6. 对 7. 对
8. 对 9. 对 10. 对 11. 对 12. 对 13. 对 14. 对
15. 对 16. 对 17. 对 18. 错 19. 对 20. 对 21. 错
22. 对 23. 对 24. 对 25. 错 26. 错 27. 对 28. 对

四、思考题

1. 如何实现中华民族伟大复兴的中国梦?

实现中国梦必须走中国道路。中国特色社会主义道路，是在改革开放的伟大实践中走出来的，是在中华人民共和国成立以来的持续探索中走出来的，是在对近代以来中华民族发展历程的深刻总结中走出来的，是在对中华民族5000多年悠久文明的传承中走出来的，具有深厚的历史渊源和广泛的现实基础。

实现中国梦必须弘扬中国精神。中国精神是凝心聚力的兴国之魂、强国之魂。爱国主义始终是把中华民族坚强团结在一起的精神力量，改革创新始终是鞭策我们在改革开放中与时俱进的精神力量。

实现中国梦必须凝聚中国力量。中国梦是民族的梦，也是每个中国人的梦。生活在我们伟大祖国和伟大时代的中国人民，共同享有人生出彩的机会，共同享有梦想成真的机会，共同享有同祖国和时代一起成长与进步的机会。全国各族人民一定要牢记使命，心往一处想，劲往一处使，用13亿人的智慧和力量汇集起不可战胜的磅礴力量。

2. “四个全面”战略布局的内涵和重大意义分别是什么?

“四个全面”战略布局指的是全面建成小康社会、全面深化改革、全面依法治国、全面从严治党。

全面建成小康社会是党的十八大报告提出的目标：“到2020年实现经济

持续健康发展，人民民主不断扩大，文化软实力显著增强，人民生活水平全面提高，资源节约型、环境友好型社会建设取得重大进展”，为实现现代化和民族复兴奠定坚实基础。

全面深化改革是党的十八届三中全会部署的目标：以经济体制改革为重点，以处理好政府和市场关系为核心，全面推进经济体制改革、政治体制改革、文化体制改革、社会体制改革、生态文明体制改革、国防和军队改革、党的建设制度改革。完善和发展中国特色社会主义制度，推进国家治理体系和治理能力现代化。

全面依法治国是党的十八届四中全会提出的目标：坚持走中国特色社会主义法治道路，建设中国特色社会主义法制体系，建设社会主义法治国家，实现科学立法、严格执法、公正司法、全民守法。

全面从严治党是在党的群众路线教育实践活动总结大会上指出的：落实从严治党责任，坚持思想建党和制度治党紧密结合，严肃党内政治生活，从严管理干部，持续深入改进作风，严明党的纪律，发挥人民监督作用，实现党的自我净化、自我完善、自我革新、自我提高，保持和发展党的先进性和纯洁性。

“四个全面”的提出，是我们党对人类社会发展规律、中国特色社会主义建设规律和党执政规律认识新的提升，开辟了党治国理政的新境界，丰富和发展了中国特色社会主义理论体系。协调推进“四个全面”对于坚持和发展中国特色社会主义、实现中华民族伟大复兴的中国梦具有重大的现实意义和深远的历史意义。

全面建成小康社会是“四个全面”的总领，是战略目标，是实现中华民族伟大复兴中国梦的关键一步。全面深化改革、全面依法治国、全面从严治党是实现全面建成小康社会的三大举措：全面深化改革是全面建成小康社会的“动力”；全面依法治国是全面建成小康社会的“保障”；全面从严治党是全面建成小康社会的政治保证。

3. 怎样认识中国特色社会主义进入新时代与我国社会主要矛盾的新变化？

（1）经过长期努力，中国特色社会主义进入新时代。这个新时代，既与改革开放以来的发展一脉相承，又有很大的不同，面临许多新情况和新变化。

这个新时代，是承前启后、继往开来、在新的历史条件下继续夺取中国特色社会主义伟大胜利的时代，是决胜全面建成小康社会、进而全面建设社会主义现代化强国的时代，是全国各族人民团结奋斗、不断创造美好生活、逐步实现全体人民共同富裕的时代，是全体中华儿女勠力同心、奋力实现中华民族伟大复兴中国梦的时代，是我国日益走近世界舞台中央、不断为人类作出更大贡献的时代。

中国特色社会主义进入新时代，这是世情、国情、党情变化的必然结果，是社会主要矛盾运动的必然结果，也是党的十八大以来党和国家事业发生历史性变革的结果，是中国共产党人带领全国各族人民长期不懈奋斗的结果。

中国特色社会主义进入新时代，在中华人民共和国发展史上、中华民族发展史上具有重大意义，在世界社会主义发展史上、人类社会发展史上也具有重大意义。中国特色社会主义进入新时代，意味着近代以来久经磨难的中华民族迎来了从站起来、富起来到强起来的伟大飞跃，迎来了实现中华民族伟大复兴的光明前景；意味着科学社会主义在21世纪的中国焕发出强大生机，在世界上高高举起了中国特色社会主义伟大旗帜；意味着中国特色社会主义道路、理论、制度、文化不断发展，拓展了发展中国家走向现代化的路径，给世界上那些既希望加快发展又希望保持自身独立性的国家和民族提供了全新选择，为解决人类问题贡献了中国智慧和中国方案。

（2）中国特色社会主义进入新时代，这是我国发展新的历史方位。中国特色社会主义进入新时代，我国社会主要矛盾已经转化为人民日益增长的美好生活需要和不平衡不充分的发展之间的矛盾。我国社会主要矛盾的变化是关系全局的历史性变化，对党和国家工作提出了许多新要求。我们要在继续推动发展的基础上，着力解决好发展不平衡不充分问题，大力提升发展质量和效益，更好地满足人民在经济、政治、文化、社会、生态等方面日益增长的需要，更好地推动人的全面发展、社会全面进步。

我国社会主要矛盾的变化，没有改变我们对我国社会主义所处历史阶段的判断，我国仍处于并将长期处于社会主义初级阶段的基本国情没有变，我国是世界上最大发展中国家的国际地位没有变。

4. 中共十八大以来，党和国家事业发生怎样的历史性变革？其意义是什么？

中共十八大以来的五年，是党和国家发展进程中极不平凡的五年。面对世界经济复苏乏力、局部冲突频发和全球性问题加剧的外部环境，面对我国经济发展进入新常态等一系列深刻变化，中共中央坚持稳中求进工作总基调，迎难而上、开拓进取，取得了改革开放和社会主义现代化建设的历史性成就。这表现在：经济建设取得重大成就；全面深化改革取得重大突破；民主法治建设迈出重大步伐；思想文化建设取得重大进展；人民生活不断改善；生态文明建设成效显著；强军兴军开创新局面；港澳台工作取得新进展；全方位外交布局深入展开；全面从严治党成效卓著。

中共十八大以来的成就是全方位的、开创性的，变革是深层次的、根本性的。中共中央统筹推进改革发展稳定、内政外交国防、治党治国治军，提出了一系列新理念、新思想、新战略，出台了一系列重大方针政策，推出了一系列重大举措，推进了一系列重大工作，解决了许多长期想解决而没有解决的难题，办成了许多过去想办而没有办成的大事，推动党和国家事业发生历史性变革。这些历史性变革，对党和国家事业发展具有重大而深远的影响。

5. 如何认识习近平新时代中国特色社会主义思想的历史地位？

中共十八大以来，国内外形势变化对我国各项事业发展提出了一个重大的时代课题，这就是必须从理论和实践结合方面系统回答新时代坚持和发展什么样的中国特色社会主义、怎样坚持和发展中国特色社会主义。围绕这个重大时代课题，以习近平同志为核心的党中央进行艰辛的理论探索，取得重大理论创新成果，形成了习近平新时代中国特色社会主义思想。

习近平新时代中国特色社会主义思想，是对马克思列宁主义、毛泽东思想、邓小平理论、“三个代表”重要思想、科学发展观的继承和发展，是马克思主义中国化的最新成果，是党和人民实践经验和集体智慧的结晶，是中国特色社会主义理论体系的重要组成部分，是全党全国人民为实现中华民族伟大复兴而奋斗的行动指南，必须长期坚持并不断发展。

图书在版编目(CIP)数据

《中国近现代史纲要》在线考试学习参考/徐建军,高红主编．—合肥:合肥工业大学出版社,2020. 11

ISBN 978-7-5650-5063-3

Ⅰ. ①中…　Ⅱ. ①徐…②高…　Ⅲ. ①中国历史—近代史—高等学校—教学参考资料②中国历史—现代史—高等学校—教学参考资料　Ⅳ. ①K25

中国版本图书馆 CIP 数据核字(2020)第 213132 号

《中国近现代史纲要》在线考试学习参考

徐建军　高　红　主编　　　　责任编辑　何恩情

出　版	合肥工业大学出版社	版　次	2020 年 11 月第 1 版
地　址	合肥市屯溪路 193 号	印　次	2020 年 11 月第 1 次印刷
邮　编	230009	开　本	710 毫米×1010 毫米　1/16
电　话	综合编辑部:0551-62903028	印　张	14. 5
	市场营销部:0551-62903198	字　数	242 千字
网　址	www. hfutpress. com. cn	印　刷	合肥现代印务有限公司
E-mail	hfutpress@ 163. com	发　行	全国新华书店

ISBN 978-7-5650-5063-3　　　　定价: 45. 00 元